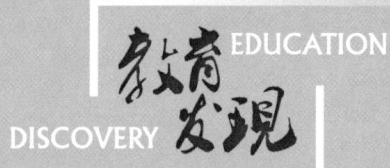

EDUCATION

DISCOVERY

为 教 师 立 言

EDUCATION DISCOVERY · EDUCATION DISCOVERY · EDUCATION DISCOVERY · EDUCATION DIS
COVERY EDUCATION DISCOVERY · EDUCATION DISCOVERY · EDUCATION DISCOVERY · EDU
CATION DISCOVERY · EDUCATION DISCOVERY · EDUCATION DISCOVERY · EDU
VERY · EDUCATION DISCOVERY · EDUCATION DISCOVERY · EDU
CATION DISCOVERY · EDUCATION DISCO
EDUCATION DISCOVE
RY · EDUCATION DISCOVERY · EDUCATION DISC

教育发现

DUCATION DISCOVERY
OVERY · E
DISCOVERY · EDUCATION DISCO
Y · EDUCATION DISCOVERY EDUCATION DISCOVER
ERY · EDUCATION DISCOVERY · EDUCATION DISCOVERY · EDUCATION DI
ATION DISCOVERY · EDUCATION DISCOVERY · EDUCATION DISCOVERY · EDUCATION DISCOVE

学校领导力

十课

李炳亭　郭　萌　著

Ten courses of
School Leadership

山东文艺出版社

图书在版编目（CIP）数据

学校领导力十课/李炳亭,郭萌著.—济南:山东文艺出
版社,2022.9
ISBN 978 – 7 – 5329 – 6627 – 1

Ⅰ.①学… Ⅱ.①李… Ⅲ.①学校管理—研究
Ⅳ.①G47

中国版本图书馆 CIP 数据核字(2022)第 089874 号

学校领导力十课

XUEXIAO LINGDAOLI SHIKE

李炳亭　郭萌　著

主管单位	山东出版传媒股份有限公司
出版发行	山东文艺出版社
社　　址	山东省济南市英雄山路 189 号
邮　　编	250002
网　　址	www.sdwypress.com

读者服务	0531 – 82098776(总编室)
	0531 – 82098775(市场营销部)
电子邮箱	sdwy@ sdpress.com.cn

印　　刷	山东新华印务有限公司
开　　本	710 毫米×1000 毫米　1/16
印　　张	18.5　插页/2
字　　数	223 千
版　　次	2022 年 9 月第 1 版
印　　次	2023 年 9 月第 2 次印刷
书　　号	ISBN 978 – 7 – 5329 – 6627 – 1
定　　价	58.00 元

你看见了什么

惠特曼说："有一个孩子每天向前走去，他看见最初的东西，他就变成那东西，那东西就变成了他的一部分。"

在这本书里，我想恳请你引领相关人看见一些东西。

看见什么？

首先，看见"理想学校"，我谓之曰"新形态学校"。

看见了理想学校，也就看见了理想教育。有人说：没有希望的心田，是寸草不生的荒地。也有人说：只要你抱有希望，死去的意志就会在你内心复活，给教师以希望，给学校以希望，给教育以希望，实在是一件拯救心灵的大事。印度作家普列姆昌德说，希望是热情之母，它孕育着荣誉，孕育着力量，孕育着生命。一句话，希望是世间万物的主宰。

简单说来，"新形态学校"名可名，它代表着理想学校的模型，更多指向于教育内在的品质，而不只是建筑、环境和课程等外在形态。

如果一定要说出"新形态学校"的特色，可以概括为"五化"：人性化、个性化、现代化、国际化、高质化。人性化是基础，个性化是特色，现代化是应用，国际化是路径，高质化是品质。其实，教育如果不能基于人性化，也难言教育，那和驯兽没什么区别；而个性化则显现出立体式的办学形式，指向不同基础和层次的儿童需要；现代化则是必然的选择，它代表的是对科学技术和教学手段的基本尊重，你不能总是停留在黑板加粉笔的水平上；国际化是希望抬头看天空、睁眼看世界；高质化代表义不容辞的责任，它包括升学，但更多地指向于生活的高质量和生命的高价值，它希望每个人都能够笑着生长。

对于民办教育，"新形态学校"坚持三点：一、民办教育不是生意，是教育；二、不是学校给了教师饭碗，而是教师成就了学校；三、不是只有教师和学生需要学习，而是通过师生发现和提升自己。

"新形态学校"要求辨析清楚以下三个关系——

一是文化和文明的关系。不是传承文化，而是依止文明，它是一个涉及人类前途的大工程。二是自然与自然教育的关系。把学校建进森林、田园里是好事，却未必就等于自然教育，要弄懂自然教育需要回到"无为"上，但"无为"不是不作为。自然与自然教育的关系可类比劳动与劳动教育、道德与道德教育、体育与体育教育、美术与美术教育、音乐与音乐教育、学科与学科教育等，我们时下的很多劳动课、德育课、美术课等，可能都脱离了教育。教育不只是体验，否则让学生如同农民种地、放羊一样学习就行了，干吗还要办学？它是涉及"塑造灵魂"的大工程。三是教育与教学的关系。教育不只是知识学习，但废弃知识学习的教育肯定无法行稳致远。书院的出现为相对保守的学校教育提供了新视野，但现行的书院在理念、课程和教学行为上的某些做法值得商榷，教育是涉及培养"全人"的大工程。

"新形态学校"在教育体系上呈现出四个结构，我称之为"四轮驱动"：一是作为环境、情境、心境的文化体系；二是作为动力动能的自主管理机制与体系；三是作为载体工具的生命课程体系；四是表现学一题、得一法、明一理、通一类的智慧课堂体系。

"新形态学校"体现出三个特质：一是有趣，体现出"自然教育"特性；二是有责，体现出"社会教育"特性；三是有神，体现出"精神教育"特性。

之所以探索"新形态学校"，是为了给广大民办学校一个方向和目标，而不是为了创造一个新的概念。说"新形态学校"是为了区分那些不人性、不个性、不现代、不国际、不高质的"五不学校"，这样的学校想继续生存下去不易，建设"新形态学校"就是在帮助这样的学校走向新生。

其次，看见"学校之魂"，也可以称之为"新形态学校文化"。

海伦说：有了想飞的冲动，谁还愿意在地上爬行。

民办学校的低层次发展，恐怕大多是无奈之举。

你痛感到学校团队士气低落、人心散漫、效率低下吗？你试图改变却苦于找不到路径建构有生命力、凝聚力和感召力的文化吗？你找到了文化却又纠结于无法把理想教育具象化吗？你困惑于如何改变教师的教育教学观念吗？你遭遇课改之艰难和不断反弹了吗？你受制于学校没有办学特色和缺乏社会影响力吗？

这一切均是缺少"校魂"的表现。

"校魂"是"非物质"的，它是一所学校的精神。

在一个文化多元的时代，谁有资格充任"校魂"呢？我推荐木村。

我丝毫不掩饰自己是个"木村迷"，我认为，我们今天正在遭遇的林林总总的教育困境，在木村那里，都能找到明确而又简洁的答案。他实在是最合适不过的学校教育"代言人"，代表的是教育的

"新形态"、新思想和新高度，他是活着的"精神雕像"。

而且他非教育人，因而在教育界基本没有争议，并且提出的种苹果方式有寓言性质，能很容易引发教师情感经验共鸣，至少大多数教师没有心理防御甚至敌对情绪，这比听教育专家的报告要新鲜得多，也更巧妙、更深刻；他是真懂，他是一个真"教育家"，他的苹果园就是一所学校，"无为"就是他的办学理念，他尊重苹果树，主张苹果树是主角，而自己只是"协助"；他热爱苹果树，声称是苹果树救了自己；他心怀大志，百折不挠，却又谦恭善良，自称"傻子"；他意志坚定，绝不放弃，自言"我放弃了就等于整个人类都放弃了"；他种出来的苹果好吃得让人想哭，被称作"有灵魂的苹果"；他是儒道释合一的文化示现，同时又是理想教育的蓝图和理想教师的标杆，建议你不妨读读本书的《一个教育家》深入了解。

再次，看见好教师成长的路径和无限的可能性。

教师成长究竟需要多久，三年还是五年？你认为教师队伍的明天会更好吗？到底怎样的师训才更有效，是培养理念还是提升技术？

我建议，教师培训要抓住关键，努力做减法，而不是把原本简单的问题搞得越来越复杂。如何做减法？不妨这样：先确立目标，再确立理念，最后再确立路径。做到"三合一"，事情就简单了。

关于目标，我依然引用苏霍姆林斯基的话：一个好教师意味着什么？首先意味着他是这样的人，他热爱学生，感到和学生交往是一种乐趣，相信每一个孩子都能成为一个好人，善于和他们交朋友，关心孩子的快乐和健康，走进孩子的心灵，时刻都不忘记自己也曾是一个孩子。

理念：好教师是一个具有"相信儿童、解放儿童、利用儿童、发展儿童"理念的人。这在"新形态学校"被表述为"好教师三个一"：

一颗爱心、一张笑脸、一身正气。总之，你要培训教师，要求教师成长，你要告诉他方向和目标在哪里。

路径："日行五一"。"日行五一"分别指向情绪管理、积极心理、研究学生、重视学情、师生关系五个领域的每个核心点。要深入了解每个"点"的背后，支撑着什么样的教育价值？如此坚持三个月，必有所获。至于如何推进、如何评价、如何建构，则又与前文两个方面有着密切的关联。他行，是他想行，因为他爱学校，更爱自己；因为成长，他幸福，他快乐，靠威逼利诱来的"成长"可能事与愿违。

最后，看见"新形态教学"。

我所畅想的理想教学，核心理念是：学一题、得一法、明一理、通一类。这不单是模式，更不是废弃知识学习。民办学校要生存，似乎解决升学是首要问题，薄弱学校可以在短时间内大幅提升成绩吗？中等成绩的学校能实现突破，在升学上独占鳌头吗？能既保证考试成绩，又学得轻松和快乐吗？我说可以，但前提仍然是对课堂教学进行深入创新，对，一切都包含在课堂里。

你是否会遇到这样的困惑，有了模式却不知道如何建构评价体系？

假如有一种"教评一体化"的程序，类似全民 K 歌那样，课上完就能打出分数呢？这当然不是空中楼阁。"新形态教学"是在高效课堂基础上的再度升级，它在三个领域实现了创新：一是以学习目标推动教、学合一；二是以成果生成推动流程、评价合一；三是以课堂氛围推动技能与情感、态度、价值观合一。

正是基于以上目的，才有了本书介绍的培训。

如果你愿意看见"新形态学校"，建议你耐心读读这本书，揣摩一下书中的培训。

一场漫谈形式的培训，是为了回避刻板严肃的说教。这场没有事先策划的培训，就像电影蒙太奇，是感觉的产物。没有讲稿，也没有录像留存，大家看到的文字，完全是我凭着记忆的复盘。稍许遗憾的是，当时的感受并不能完全复盘。

我很满意，他们都是爱学习的人。从第一场培训开始，他们就表现得积极主动。培训是轻松的，我们面前放着的不是课桌，而是茶海。茶海也是海，茶叶也是舟。

我说这十场培训是漫谈。只把漫谈当作月下泛舟，一篙就洞庭八百里了；也可对月当歌，波光粼粼，那要看自己的想象了。"谁知真患难，忽悟大光明"，有些话不必说，只管做，滴水穿石，千里足下。想到哪儿说到哪儿，想说什么就说什么，却也有另一种心无挂碍的洒脱，言由心生，心口如一，不仰人鼻息，不看人脸色，不拘泥于形式，舒服得很，快活得很。如是形容这十场培训，真是再贴切不过了。

十场培训中的"理想学校"，意在唤醒他们的教育想象力，同时触碰现实的硬伤；"触摸'笑道'"则是长出来第一根羽毛，重视生命存在的高品位，其间唤醒他们的酸楚；"感觉与味道"是在体验中进一步把经验转化为知行合一的整体教育体系，其间会遭遇破茧的痛苦；"好教师'三个一'"则是在引领大家找到理想的自己，同时经历内心的愧疚；"'考试'来了"是一场现实生活中的真实考验，同时拷问不羁的灵魂；"奥卡姆剃刀"是在帮助每个人抓住"核心"，卸下心理重荷，同时割伤过去的经验；"交托"是指引大家做个信任他人的智慧的懒汉，同时挑战权威傲骄；"去控制"是为了解放心灵，创建人人能行的管理机制，同时颠覆固有格局；"奇人奇谈"是走近当下的教育偶像，做一个有巨大勇气的教育者，同时显露出情感态度；

"夫妻关系"是回到生活，重构幸福伦理，同时考验自我的耐心。

如果你觉得没有逻辑太过杂芜，那也没有关系，毕竟这个培训是"量体裁衣"，针对建勋学校来的，未必适合所有人和所有学校。但它肯定不是"皇帝的新装"和"灰姑娘的水晶鞋"，毕竟没有哪个学校会有这么多闲工夫陪我一起浪费生命。

"三十年河东，三十年河西"，屈指算来，民办学校发展刚好三十年，人算不如天算，得有一种"渡劫"的打算，这一算就算出来明天了。明天的民办学校面临的考验可能不只是升学率，不光能盖得起楼，留得住人，还得能留住心，留得住下一个三十年。因此民办学校的董事长哪一个也不含糊。哪所学校的发展都是传奇，但谁也不敢说自己的未来高枕无忧，金刚不倒，一劳永逸。民办学校的生存与突围，是一个让我们睡不着的课题。睡不着自然就会想，这一想，就电光石火，眼前一亮，你看见了，看见了自己学校明天的样子。

明天的学校应该是什么样子？顾城说"在大地上画满窗子"，你就眯着眼画吧，那画在地上的每一扇窗棂都透射着晨曦，能"让所有习惯黑夜的眼睛习惯光明"，这意境真好！

由此，这十场培训就有了意义。

是你赋予了它意义。

它是基于建设一所"新形态学校"来培养学校领导人才，它相信生命，解放生命，利用生命，发展生命，它要呈现出完全不同的情感精神样貌，始终学会欣赏，唤醒内心的巨人，让每个生命笑着生长，尽情绽放。

我谓之曰"教育"。

它是个魂牵梦绕的东西，伸向天空，藤蔓一样。

目录

学校
领导力十课

引 子

> 我愿意深深地扎入生活，吮尽生活的骨髓，过得扎实，简单，把一切不属于生活的内容剔除得干净利落，把生活逼到绝处，用最基本的形式，简单，简单，再简单。
>
> ——梭罗《瓦尔登湖》

2019年10月17日，老朋友郭建勋夫妇接我去建勋学校。

此前的一段时间，我住在山东老家那个被称为"宗圣故里"的小县城，陪伴年近九旬的父母。父亲的身体不好，听力下降严重，跟他说话得似吵架那样，扯着嗓子喊。而他窘迫地伸长脖颈，南辕北辙地乱猜，难免闹一些笑话，让人啼笑皆非。

离家不远的地方有条小河，岸边排放着些石桌石凳、木桌木凳，有鸟鸣花香，也有绿树成荫，煞是吸引父亲这样的老年人。他们像是接到某种指令，手里拎着马扎，一路摇摇晃晃，风雨无阻地在那里聚集，下棋、喝茶、不咸不淡地聊天，或者半天半天地望着某处出神。父亲喜欢那里，虽然他不会下棋，也不喜欢喝茶。他经常一个人默然无语地沿着河边蜿蜒的小径，孤独地巡视他曾最为熟悉的田畔。每天天不亮他就起床了，因为腿脚不太利索，脚步明显沉重，他以细小的碎步一点一点向前挪动，很远就能听到鞋子与大地摩擦的声音，那是他与岁月在互相问候。

年纪大了记忆力也衰退，有一次父亲竟然忘记了回家的路。该是吃午饭的时候了，妹妹焦急地满屋转圈，一遍遍念叨：咋还不来，还不来呢！她不放心要出门去找，我提出和她一起，她头也不回地嚷道：你又不认路。径自走了。

妹妹将手机忘在了门厅里，我在房间来回地踱步，她的手机一响我就接听了。电话是妹夫打来的，他喊道：赶紧，老爷子在小区门岗找不到家了。我连忙跑到院子里，见妹妹搀着父亲正慢悠悠走来。我叫了父亲一声，又冲他扬手。父亲看见了，讪讪地说，找不到家了。我连说没事，心里仍旧扑腾个不停。

我们坐在客厅里说话，气氛有些异常。妹夫是从单位特意赶回来的，他说正准备在食堂吃饭，手机响了，是个陌生号码。对方说，赶紧回去吧，你家老爷子迷了路，被好心人送到小区门岗了。妹夫说完，我们接着又沉默了一会儿。妹妹说，她平时都在父亲衣兜里装张卡片，上面写上她和妹夫两个人的号码。我说，幸亏你有心。妹妹似乎心有余悸，对我说：哥，要不你给爹说说，别再去遛弯了，兴许他能听你的呢。我未置可否，沉吟许久，心想，我这风烛残年的老父亲，突然连遛弯都不行了，岁月于他们是否过于残忍？

母亲的听力也不好，却天天要和我们几个子女视频，她笑起来，每一道皱纹里都荡漾着幸福。她最爱嚷嚷一句话：忘了娘了，还不来看我？每当听娘这样说，我们一准第二天乐呵呵赶去。她双手拍着沙发，让我们都挨着她坐，让这个吃苹果，催那个喝茶。我们故意嗔怪她管得宽，娘就大声自豪地说，谁让我是你们的娘呢。

　　我要去建勋学校，娘有点舍不得我走。我看得出来，她有些落寞。临行时，她自言自语地说：这回可住得不算短，走吧，走吧。我不忍瞧她的脸，就支吾着说：过一段再来看您啊！她说来不来都行，忙正事要紧。在娘心里，回家看望她算是私事。就这样，我结束了在老家数月的"蛰居"，来到了建勋。

第一章

一个教育家

无论我再怎样努力，手上和脚上都开不出苹果花。
要使教师悟道，难道非要做一回木村吗？
木村来，谁来？

从哪里敲开门

"人学"教育体系，关键内容是发现人，存在意义是发展人，核心理念可概括成相信人、解放人、利用人、发展人。"相信人"是基础，"解放人"是根本，"利用人"是智慧，"发展人"是目标。

"人学"教育内涵深厚。首先它不是给"人"下定义，是试图写对教育的"第一画"；不是单纯研究人有几个属性，而是按照某种意图设定一套行为规范和道德标准；"人学"认为生命本来是完整的，后天戴着枷锁和镣铐生活在错综复杂的各种"关系"中，却又是为了解脱和实现今生的价值而来。亚里士多德说，万物皆为一个目的。"人学"特别强调重视人性。人性实在是太重要了，它是教育的根本分歧，也是各种思潮、文化源头之所在。写对教育"第一画"需追根溯源。展开人文社会这卷图谱，难免会牵涉教育之外的领域。陶行知说社会即学校，教育真是无内无外。

我试图寻找一种新的"学校文化"，创造一种新型学校教育形态，以期破解学校发展的重大困局。我知道自己智慧不足、德行不够，如蚍蜉撼树不自量力，这让我在大多数时间感到迷茫，直到另一个人照亮了我。这个人是来自两千五百年前的佛陀，他发明了一门"觉学"，也是他的绝学，他为我的教育思考打开了一扇大门。

我仍要小心翼翼地再度声明，我只是研究探讨教育，提到佛陀是基于写作的需要，与宗教信仰无关。中国传统文化本就儒释道三家，废一而论，皆为偏见，就像我读木村，读梭罗，读福冈正信，读奥尔多·利奥波德，读富兰克林·H. 金，读蕾切尔·卡森，读老子，读孔子，读佛陀，我读什么都是在读教育，谈什么都是在说教育。类似那个山东老乡武训，他乞讨、耍宝、缠线团，嚼瓦、吃粪、拿大顶，他无论看什么都是盖义学的砖瓦，干什么都不忘他的义学，他患的是"义学症"，我眼里看到、心里想着的全是教育，世间再也没有比教育更有魅力的事了。

谁谈教育都绕不过生命这个话题。生命是什么？世间有无数人论及，在我看来，唯有佛陀道尽了本质："生命只在呼吸间。"还有一个叫卢梭的，也同样深刻地触动了我。他说：如果允许我们在这个世界上长生不老，试问谁愿意接受这件不吉祥的礼物？他还说：十岁受诱于饼干，二十岁受诱于情人，三十岁受诱于快乐，四十岁受诱于野心，五十岁受诱于贪婪。

我并不强求别人接受佛陀，尽管他从未死去，一直活在他的思想和后人的怀想里，我常常能通过一朵花、一株草和黑板上的一段板书见到他。我始终觉得他比我更年轻，也更加热爱人类和尊重生命，他没有什么架子，就那样赤着脚随意走在校园里，高兴时他会化成一抹笑，绽放在老师和孩子们的唇边，偶尔也会化成一滴泪，挂在老师和孩子们的眼窝，有时也会化作一段铃声、一缕彩虹，或者一张书页、一个关切的眼神、一个温暖的拥抱，这样的"校园佛陀"你不爱吗？

我所钟情之"心学"，既非湛若水也非王阳明，而是想将之转化成"教育"方式，变成老师们的生活经验和常识。如果我满嘴都是几百上千年前的那些人的话，老师们会反问，那些人也用苹果手机吗，也开车上班吗，他们知道俞敏洪、迪丽热巴吗，会玩抖音、西瓜直播吗，懂得"豪横""网上带货"吗？这样我就无话可说了。这样的转化难度很大，但并非没有可能，我不是说古人比今人差，只想表明今人需要什么样的历史观，以什么样的眼光看古人。

圣人去了，我们活着，因为生活原本就是鲜活的，鲜活的生活需要鲜活的教育。

遇见木村

木村，指木村秋则，系日本青森县一位朴实的农民，他每天辛勤地耕作，只为种植出不施农药的新鲜味美的苹果，为此不惜穷困潦倒到常人难以想象的地步，所幸的是他利用十一年完成了他心中的梦想，种植出了真正不使用农药的个儿大味美的苹果，并且让青森县成了日本苹果种植面积和产量第一的城市。

数年前，偶尔读到《这一生，至少当一次傻瓜》，我欣喜若狂地一口气读完，从此成为木村的粉丝，从他那里获得了无穷的智慧和力量。

我觉得读懂了木村，就等于读懂了教育，读懂了今天如何做教师，也读懂了师生关系和教学关系。在我眼里，木村是最优秀的教育家图腾，苹果园好比是他亲手创办的学校，然而他的"学校"几乎葬送了他的生命，也把全家人逼上绝境。十年梦破，他试图以命殉志，可上天从来不辜负苦心人，这让我想到了移山的愚公。对，木村就是"苹果愚公"。那个不服输挖山不止的人，终于做到了"帝感其诚"；木村也做到了，于是绝境生智，找到了救活苹果的法宝。我读木村就是想借他的法宝，这样我们也能救活教育，这价值够大吧！如果学木村真能救活学校，我情愿为他写一本书，就叫《木村的"苹果教育学"》。写书总比救苹果树和救学校容易得多，更何况，木村救活苹果树用的正是"教育"方法，好方法一通百通。

简单来说，木村的故事讲的是他立志挑战常识，栽培无农药、无化肥苹果的事。这个过程好煎熬啊，用了八年才等来了七朵苹果花的绽放，十年换得苹果园的丰收。他身上体现出来的是一种感天动地的傻瓜精神。他的传奇感动了千万读者，甚至让想轻生的人重拾了自信。他感动了我，设若仅仅是因为他种出了苹果，还不至于让我五体投地。《这一生，至少当一次傻瓜》一书语言优美、表达细腻，但这些不是让我喜欢的重要理由，再唠叨一遍，我是把它归类于有灵魂的"教育"书籍来阅读的，它大道至简因而毫无理论的苍白、专业的艰涩。我认为木村就是苹果树下的佛陀，"功成而弗有"的老子，穷困窘迫却又不改其衷的孔子，他们都是上天派来教我做教育的。作为一个"木村迷"，我搜集了关于他的几乎所有视频和文字，我很乐意和喜欢他的朋友分享。可惜的是，喜欢他的都是些种地的农民，来自教育界的不多，因此我每每在学校讲木村，都要先做基本的普及，这让我费解，教育人怎么能不研究木村呢？

是的，这是一本关于生命成长和思想创新的书，这句话是我加上去的，它讲述的是一位叫木村的"老师"，怀着一颗赤诚之心，勇敢地挑战传统，不向厄运和失败低头，历经坎坷与艰难探索，在山穷水尽之时，终于找到了开花结果的秘密，创造了一个"没有孩子是差生"的教育奇迹。

我说木村是在讲教育，假如你还在怀疑，那么就一起来看看。

木村是谁

　　果农木村是一名种苹果的"教师"，教师是育孩子的"果农"。

　　教师木村做了一件"教育改革"的大事。在很多人看来，他离经叛道简直疯了，称他为败家子、傻子。可想而知，木村的处境有多难，他自嘲"如同过街老鼠"，连他的亲生父母都避之如同瘟神。然而改革者不都是这样过来的吗？

　　木村为何一意孤行？他说"一切都因为爱"。专家们总说没有爱就没有教育，然而在面对儿童的痛苦不堪时，许多人却选择了冷漠、懦弱和屈从。缺失了爱的教育和驯兽有什么区别？如果教育只是一门谋生的职业，就别怪人吐槽和不敬。教育的尊严来自教师的爱。

　　木村靠什么坚持下来？泰戈尔说：别让我在人生战场上盼望盟友，而是让我发现自己的力量。一只脚踏进地狱的木村，穷得只剩下信念了，"死亡才能让我放弃梦想"，"我放弃了，整个世界就放弃了"，置之死地的木村枯木逢春，终于在月亮里找到了答案，他的成功"是用生命换来的"。木村的苹果为什么好吃？大家说苹果凝聚了种植者的"灵魂"，是"奇迹的苹果"。

　　种好苹果的秘密是什么？木村认为是泥土与苹果树的关系。

　　这对教育有什么启发？第一，要有挑战传统的决心以及坚定的信心，保持坚持不懈、永不放弃的气质和探索精神。第二，他用生命换来的经验恰是教育走向成功的法宝：苹果树才是主角，"我只是协助苹果树开花"。由此他转变了"教师角色"，建立了新的"师生关系"，热爱苹果树、敬畏苹果树、感谢苹果树。他说传统的错误正在于我们以为是"种苹果"，可是你无法让苹果树开花，能开出苹果花的是苹果树。第三，他种出的是"有灵魂的苹果"，如何让教育培养出"有灵魂的人"，难道不是我们所渴盼已久的吗？他给了我们答案，也给了我们变革教育的希望和信心。教育缺什么，不就一目了然了吗？

"教育家"木村

借由种苹果，悟出和苹果树的关系，从而改变对苹果树的态度，这很难吗？真正读懂了教育的人，也一定是热爱学生的人。木村和苹果树建立了彼此尊重、信任、依赖的情感关系，由此才让苹果树喷薄生长。你说，教育需要什么样的教学观和师生观？

在木村的"教育"体系里，与苹果树的关系是关键，"我之前不懂这个道理"，所以苹果树才不开花结果。想透了"这个道理"，我们还会一味埋怨孩子吗？

木村怎样看待"问题学生"的？他说：先前都是因为我太笨了，是苹果救了我，是苹果教会了我。

大家都说，木村很努力，木村却说，其实不是我努力，是苹果树很努力。

即使在颗粒无收的那几年，木村也从来没有责备过苹果树，他甚至哀求苹果树"只要活着就好"，结不结果倒在其次。如此，你还觉得他只是个果农吗？不，他才是真正的教育家。苹果园是他的"学校"，大地是他的"教室"，苹果树是他的"学生"。

从"种"苹果到"协助"苹果树，再到"苹果树是主角"，他的

"角色认知"发生了变化，不打农药、不施化肥种出最好吃的苹果是他的"教育理想"，执着地爱是他的"教育信念"，改良土壤和营造生态让苹果树自然生长是他的"重要经验"，培养出"有灵魂的苹果"是他的"特色"和"教育标签"，十年的经历是他的"教育史"。

相比种苹果的木村，我们这些自诩做教育的人差距真是不小。当年那些曾奚落木村的专家，如今面对木村自感"矮了一截"。事实胜于雄辩，"苹果是木村的学术论文，也是他独一无二的业绩"。现在想吃到木村的苹果，简直是一种奢望，因为他的苹果太好吃了。

想知道木村的苹果是什么味道吗？

好吃得"让人想哭"，好吃得有"回到妈妈怀抱里的感觉"。

想一想吧，如果我们的教育也有这样的成果，何至于遭受不断的批评，抱怨别人不尊师重教！

天哪！木村"老师"的苹果秘密是什么？

是他的"自然农法"。相比"传统农法"，自然农法是"不人为干预"，用教育理念表述则是"学生自主"。传统教育的弊端显而易见，然而依然有太多人沉迷其中，因为这样的"教育"能展现出居高临下的威权。

苹果学校也"掐尖"吗？这样问简直是笑话，只有"非教育"学校才视其为法宝。按"非教育"学校的标准，木村的苹果园里全是"差生"，十年都不结一粒果，屡战屡败，每次考试都是"零分"，还能差到哪里去？然而他既没有开除也没有劝退任何一名"学生"。他和苹果树聊天、对苹果树鞠躬，感谢它们、拜托它们，他说都是因为自己太笨了。当苹果树终于开花结果时，他仍然没有自吹自擂，自嘲"可能是我太笨了，树也受不了我，只得结出好苹果来"。假如我们教育人也有这样的谦卑，我们的孩子会怎样？

为什么木村始终不归咎于苹果树太差？

他难道不担心有辱自己的声誉吗？

今天，我们该如何做教育，木村就是答案。

……

这才是我推崇木村的缘由。

有了点"眉目"

"人学""心学""教学"讲了多年，然而我们的教育现状如何？如果我是木村，我该忽视教师的内心呼声吗？

说到教师的内心呼声，我真的不忍下笔。

"夕阳西下，断肠人在天涯。"

更深层的原因，还在于对人性的认识有问题。尼采曾经如是"忠告"：见女人时请准备好鞭子。这话让人不寒而栗，他一生信奉人性恶。

学校创办者想打破不断衰败的发展魔咒，就需要改变对人性的认识，重新审视对待教师的态度。想把学校办好，只想着"让"老师们怎样不行，得"使"老师们自主主动，抢着干。人在曹营，敷衍了事，教师自然没有成长，学校也不会获得发展。与其买个"打卡机"，不如立个"拴心桩"，否则管得住身却管不住心，一把文化豆腐渣般的学校遍地狼烟。你果真相信钱的"鬼力"吗？事实是重赏之下也有"庸"夫。有钱能使磨推鬼，若果真如此，那你要祈祷别遇见电磨和机器人。教育不是机器能替代的，疫情一下子把网络教学打回了原形，蓦然回首，那人不还在灯火阑珊处，不还是游魂一个吗？

来到建勋学校，我发现这所学校的土壤是温润的，这里浸透着郭总夫妇和崔其升校长的心血。

教师的状态很不一样，他们非常敬业。比如学校规定学生午休两小时，有人硬是挤占一小时给学生补课，这样的"责任心"让人深思。

该选择什么样的方式使他们"觉悟"到这种"责任"的问题呢？教师敬业的背后是一种什么观念，是否和这所学校的教育理念有关呢？

这时候，木村又适时出现了。

建勋学校也有一片苹果园，站在苹果园里，我看见了微笑着的木村。

我突然就有了灵感，不妨就从"种苹果"开始吧。要种出"奇迹的苹果"，前提是学校领导先要树立"木村理念"："我不是在种苹果，而是协助苹果树开花。"从学校的角度来看，学校就是苹果园，教师和学生就是农夫和苹果树。对苹果树的观念，就是"人学"的观念。

关于"苹果"，褚清源先生有个有趣的论述：第一颗苹果诱惑了夏娃，这个世界从此有了人类；第二颗苹果砸醒了牛顿，人们知道了万有引力；第三颗苹果被乔布斯咬了一口，从此人们看见了智能世界。他说：人们都在追问寻找，第四颗苹果在哪里呢？他肯定地说，在木村那里，木村的奇迹苹果引发了"有机农业"革命。但我有新的观点，因为，我眼里的木村是教育家，我认为第四颗苹果将要引发的是一场迫在眉睫的"有机教育"革命，对于人类来说，还有什么能比教育更重要？

那就尝试让建勋做"有机教育"革命的先行者吧。我"画"出了满树好吃得让人想哭的"苹果"。这棵"苹果树"感染了大家，也契合董事长一直以来的愿望，我们一拍即合，自此，学校欣欣向荣。我惊奇于木村竟如此神奇。我在想，究竟是先前那些所谓先进教育理念的强势说教让大家烦腻了，还是生动鲜活的木村更易于生发情感共鸣？我再次向教育界同仁推荐这条"木村路径"，尤其是那些试图课改的学校，建议他们不妨从走近木村的苹果园，确立与苹果树的关系开始，明确苹果树是主角，要知道，迂回的路未必不是近路。

满头华发，在阳光下灿烂傻笑的木村，正式成为我们"有机教育"革命的导师。虽然这条"种苹果"的路，鲜有教育人走，但鲁迅说过，走的人多了便成了路。

连续很长一段时间，建勋人开口闭口，絮絮叨叨，言必木村。每逢开会、听课，大家总这样问：木村会怎样做，"苹果树"有什么感受？

从此，我们都"木村"了。这里成了一所"木村学校"。我们还计划在苹果园里立一尊雕像，请木村题写园名；在每一棵树上挂上他的格言；等等。还设想，有一天我们组建一个"木村学校共同体"，大家一起"木村"，让每一所学校都变成他的"苹果园"，种出好吃得让人想哭的"苹果"。这样想一想，心里就乐开了花。

办学者的特质

如果我们的学校都像木村的果园，实在不用为招生发愁。

那么招生凭什么呢？

据说，在东京白金台有一家法国餐厅，想要用餐需提前预约，常常需要等待达半年之久，而那家餐厅的招牌菜，正是木村的"苹果汤"。

许多日本人都有一个心愿，希望可以吃到木村的苹果，哪怕只有一次。苹果是比出来的，木村的苹果征服了口味最为挑剔的人。教育也是比出来的，我们的教育无法让人满意，渴望好的教育也是许多人的心愿，哪怕只有一所学校，需预约等待三年。

不要忘了，木村只是一名普通的果农，没有博士学历，充其量只是个技校毕业生。木村特别强调学者和农民的不同，学者的方法论是将大自然细分研究，而木村恰恰相反，他说大自然根本无法细分，"没有哪个生命是孤立的"，离开大自然，"人类无法创造出一颗苹果"，正因为他是农民，才能"突破科学的界限"。

不要忘了，木村是因为爱而义无反顾的。苹果的奇迹来自永不妥协的爱的勇气。木村仅有的一次谈到教育，是这样说的："现代儿童不断出现免疫系统疾病，这和施了过量肥料的苹果树相似。"想想吧，我们今天的教育，哪些是为了爱而存在的，在以教师、传授、教材为中心的系统框架里，过度教育导致了孩子成长的一系列问题。

让我们再一次走近木村。

苹果是他们家主要的经济来源，当其他果农大赚其钱的时候，没有收入的木村一家，生活陷入了极度的困窘中，孩子们连一块橡皮都要用小刀切成三段合用。女儿曾在作文中写道：我的爸爸是果农，可我从未吃过苹果。为补贴家用，他不得不外出打工，可辛苦赚到的钱却被小偷偷走了，还被人暴打一顿，打掉了好几颗牙齿。

人生的失败、家庭的窘迫、朋友的疏远、邻居的歧视、内心的挫败、对亲人的愧疚，让木村决心走一条绝路。死，对一个人来说是多么艰难的决定啊，尤其是像木村这样热爱生活、热爱家庭，有强烈事业心和社会责任感的人。然而，命运把他逼到死胡同里，他只能选择一死。你是否也曾穷途末路过？

可就在赴死的过程中，他有了意外的发现。他突然看到在荒芜的大山里，竟然有一棵核桃树，在满月的银辉中闪闪发亮。他惊讶地发现核桃树周围充满了勃勃生机，各种杂草、昆虫、微生物等融为一体，相互依存，树根部的土壤松软又肥沃。木村顿觉五雷轰顶，为什么长在深山里的树不怕虫子，郁郁葱葱？他突然领悟了个中原因，情不自禁地把泥土放进嘴里，大叫着"找到了"。

木村"死"过一次之后，终于活过来了。如果你"找到了"，也一定能活下来！

校长"悟道"

请允许我绞尽脑汁再做一点"过度解读",关注木村"校长"是如何悟道的?

对,曾经身兼数职的木村"老师"现已擢升为一"校"之长了。木村的"苹果园学校"办学十年,终于一举成名天下知,众多追随者趋之若鹜。明白我的意思没有?我是想循着木村悟道的过程,探知到办好教育的秘密。人家木村是"十年磨一剑",我们许多学校,可能不止十年了,也经历过木村那样的人生大考,凭什么木村能翻转?解读木村,就是要找到他觅见的那条路、那个法,然后我们也顺着那条路、那个法去践行,木村什么思维,我们就什么思维,他怎样做我们就怎样做,他能成我们就一定能成,这不是喊喊口号,请几个专家设计出来的。

让我们还原木村老师悟道的场景:

> 他仔细观察深山里那棵树,发现原来是他脚下踩的泥土不一样——松软度不一样,气味不一样,温度不一样,味道也不一样。他激动地抓一把,虽然肉眼无法看见,却能感受到小生命的存在。应该为苹果树找回这种大自然的环境,只要在果园中培育

出这样的泥土，苹果树一定会强壮健康起来，这不是他一时的念头，而是他内心深信不疑的信念。

当木村大叫着"找到了"时，他百感交集，他一定想起了十年走过的路，也一定会深感自责，一度试图把苹果树与大自然隔离，没有思考苹果树作为一个生命体到底是怎么一回事。离开大自然，苹果树失去了坚强的天性，才深受病虫害之苦。为什么这么简单的道理，竟然要付出那么巨大的代价？他开悟了，然后变成了"校长"。

对木村"校长"来讲，那个种植苹果的过程，就是他从"迷"到"悟"的过程，是他走出错误经验，确立全新认知的过程。借由苹果树，他完成了生命的升华。

是上天的刻意安排，还是濒死之际被骤然激发的智慧给了他答案？

这让我想起了王阳明的龙场悟道。

木村的觉悟，也是在生死关头。他找到了问题的症结，明白了"所有的生命都不是孤立而存在的，都和大自然是一体的，成败的重点在泥土"，自己这么多年做错了，只知道给苹果树除虫、拔草、祛病，认为这是对苹果树好，人为地将它隔离在大自然之外，而不是想办法让苹果树融入大自然。

"悟道"之后，他的"学校"就呈现出另一种形态，由此带来的是另一种全新的"教育"：他不再给果园拔草，而是让它们自然生长，苹果园渐渐变成野兔、山鸡、蚯蚓的乐园，土壤也变得越来越松软肥沃。木村的苹果园仿佛变成了原始森林，大豆旁长满各式各样的杂草，昆虫在草丛中鸣叫，青蛙捕捉昆虫，蛇在青蛙身后虎视眈眈，甚至还有野鼠、野兔，虽然斑点落叶病和卷叶蛾依然肆虐，但木村觉得苹果树已经结束长期和疾病的抗争，渐渐健康起来。

谁　来

木村"校长"的"自然教育"强调重新确立新的"师生"关系，这又不得不让人联想到他的老师福冈正信的"无为"。中国人谁不知道老子和无为，因而做无为的教育似乎不难，我之所以详细地介绍木村，是试图清除种苹果和做教育的隔膜，是在强调两者"不二"。别说种苹果与做教育是"一"让人难以接受了，当今我们许多学校，教育与教学是隔膜的，语文与数学是隔膜的，竟连德育与教育都是隔膜的，什么时候我们"不二"了，也就能"木村"了。

木村得益于他的不干扰，他对泥土的思考，让他的"学校"焕发出生机，他不仅挽救了自己，也挽救了一所"学校"，挽救了一个个"儿童"的命运，还有比让生命绽放，让苹果树开花结果更好的教育吗？

教师的作用是什么？

木村说，是"协助"，"我只是协助苹果树开花结果"，"开花结果是苹果树自己的事情"。协助不是"让"，而是"使"，木村清楚地知道，他无法吹一口仙气，让苹果树一夜之间果满枝头。

且看他如何协助？

他细心观察苹果树的变化，控制益虫和害虫的数量，以达到苹果树自然生态的平衡。他用玉米、大米酿造的醋来给苹果树杀菌，并且坚持人工喷洒，不使用大型喷雾机，避免泥土遭受碾压而变硬。他说："有比效率更重要的东西。如果我是树根的话，重机器从上面碾过，应该很难受吧。"后来苹果园遭受了一场台风侵袭，因为他果园里的树根深达几十米，所以安然无恙。他的果园平常像个植物园，但秋天到来后他会割草，让土壤温度降低，"这是要告诉苹果秋天来了"。

以下文字，值得每一个想办好教育的人认真品读和分析——

他把苹果树当成自己的家人，经常和它们聊天，他会说一声："谢谢，辛苦了，辛苦了。"他曾经给几百棵苹果树一一道歉："让你们这么辛苦，我真的很抱歉。就算不开花也没有关系，不结果实也无所谓，千万不要死去。"靠近路边的八十多棵他没去道歉，他怕别人看到了笑话，这些苹果树后来都没结出果实，有些甚至死掉了。

经过他和苹果树的"共同"努力，苹果树自身的生命力渐渐被激发出来。那一年，苹果树终于开出了七朵最美的苹果花。他带着烧酒到果园，浇在地上一些，跟苹果树对饮起来。

木村出名以后，有人拜他为师，他将所有的技术倾囊相授，而意外的是，那些人却无法创造出同样的奇迹。难道说木村的"方法"不管用？有人为此请教，他说："心和技术的结合，才是真正的专业。""这一切（奇迹），都是用自己的生命换来的结果，都是因为爱，苹果是用爱来培育的。"

有家电视台主持人问木村："是什么让你坚持下去的呢？你的意

志力真的好强啊!"他说:"我相信一定会成功的。从不曾对苹果树失去信心。苹果树是我的救命稻草。我固执地认为苹果树一定不会辜负我,总有一天会结果的。为了结果,我不惜付出任何代价。"

我们的教育改革搞了几十年,冒出了杜郎口和圣陶这样的学校,许多人舟车劳顿前去取经,可如果像木村的徒弟那样学一些技术,照葫芦画瓢,那么不管如何像,都永远隔着个崔其升、王天民。学木村就要像木村那样。同样,学习杜郎口也应像崔其升那样,学习圣陶就应像王天民那样。如果只想照搬杜郎口模式或者王天民试卷,那只能你是你,他们是他们,到头来搞不成,怪别人的多,从自身找原因的少。所以说,决定教育成败的实在不是技术,而是一个什么样的人,有什么样的一颗心。

冗长的木村篇就要结束了。开辟一块苹果园不是难事,不打药不施肥也很容易,但想要结出"好吃得让人想哭的苹果"一定不简单,可木村给了我们答案。假设我们有无数个"木村校长",就可以有无数所"苹果园学校",更会有无数个会开花结果的孩子,如此,谁说教育没希望!

把木村请来,谁来?

他是木村的"师父"

　　了解木村的读者可能会注意到，木村曾受过一本书的影响，这本书叫《自然农法》，作者福冈正信根据中国道家"自然无为"思想，提出"自然农业"构想，积极在全球推广四大法则——不耕地、不施肥、不用农药、不除草，并发明了"黏土丸子"。

　　"黏土丸子"是福冈正信在实践中创造的一种不人为干扰、任作物自然生长的种植方式。"黏土丸子"是用多种作物的种子和七倍的黏土混合制成。根据不同的地域特点将其播撒在地面，若干年后，这些地区便可实现绿化，或绿树成林，或良田万亩。"黏土丸子"与普通种子有什么区别呢？种子是在地表浅层，而"黏土丸子"的根系可深入地下两米左右去寻找水分。它们最大的区别是含有一定养分的"黏土丸子"不会像普通种子一样被鸟类、鼠类吃掉。福冈正信的家乡曾经荒地遍布，在使用"黏土丸子"之后，昔日的不毛之地，而今已是生机勃勃，生态环境大为改善。

　　福冈正信还著有《一根稻草的革命》一书，版权输出多个国家，被称为"农业圣经"，影响极广。

　　在这部书里，他说：

今天，地球的沙漠化，绿色的减少，变得日趋严重。同时，风光旖旎的日本列岛上的绿色也迅速消失。

对此，有人忧虑，却无人去探究导致这绿色减少的原因。倘若我们只是忧虑它所造成的后果，只是从环境保护的角度呼吁人们制定一些保护绿色的对策，那么地球上的绿色是难以从根本上恢复的。

从实质上看，地球的沙漠化产生于人类的自负。人类认为自己可以摆脱神圣的自然，单独地生存、发展。地球的沙漠化同时也在证实，人类自身点燃的罪恶之火正在焚烧着地球上所有的生命。

所谓生命，是宇宙森罗万象、大自然本身的合成品。对于它的意义（过去）与意志（未来）人们虽毫无了解，却站在了自然的对立面上，试图以自己的手，利用自然生产维持生命的食物，以此生存下去。由此，人类走上了一条反叛、破坏大地母亲的邪路。

起源于刀耕火种的农业的发展史、满足人类欲求的农作法的变迁史以及文明进步的历史，本身就是一部对自然破坏的历史。

自然虽有流转之变化，却无前进之发展。自然没有开始也没有终结，也不会自然消亡。但是，愚蠢的人智却会使自然轻易地毁灭。

人类生命与自然生命是结为一体的，对于自然的破坏，就等于人类生命的自杀，也意味着人类对于诸神的破坏，意味着死亡。

神不会对人弃之不顾，但人却很容易抛弃神，走向毁灭。

　　虚假的人类文明大肆宣扬"无明"之邪恶智慧，建筑在失去绿色的大都市之上。它如沙漠上空浮现的海市蜃楼，距其消失隐去的日子已经很近了。现在，人类需要做出抉择，或是沦落为无处可归的宇宙之孤儿，或是重新归返神的乐园。

　　这是将人类从悲惨结局中拯救出来的唯一途径。

　　但是，它又取决于率先破坏自然的傲慢的人和农民能否彻底转变，成为森林的守护人，能否恢复自然的绿色。然而，自然原本是不容人类置喙的。

　　神未能创造天地万物，更何况人。

　　大自然的万物之心合为一体，造就了生命、创造了神。神与自然都是超越人类而存在的。

　　神绝不会保护愚蠢的人类赖以生存的地球。

　　所谓的自然农作法，是一种充分反映自然的意志、祈盼可使生命永存的伊甸园重现的农作法。

　　然而，我为探索自然农作法而走过的四十五年，与其说是一条祈盼神使人类得以复活的路程，莫如说是一个从自然中沦落下去的愚钝之人的彷徨过程。这本书所记录的不过是为寻求回归自然而苦恼的一个农民内心的痴语而已。

　　这本书是一名可谈百事却一事无成、无任何东西遗留于世的人的忏悔录。

福冈正信 2008 年 8 月 16 日上午 10 点 15 分因年老体衰在位于爱媛县伊予市大平的家中去世，享年九十五岁。

在我读来，福冈正信先生所讲的依然是教育。

请注意，福冈正信的"师父"可是我们中国的老子。

福冈正信自然农业的核心是"无为"。

无为真的是当今大多数人认知的"无为而无不为"吗？

福冈正信的自然农业告诉我们，真正的无为是"无人为"。人类的"智慧"经验是巨大的财富，这一普遍认知给"人为"大肆地介入和干扰提供了最正当的理由。

试想一下，假如有人认识到，这些"财富"是自然万物乃至人类发展的障碍，结果会怎样？

福冈正信和他的学生木村都是这样的人。

他们共同的老师是老子。

可在中国他已经少有知音了，只能漂洋过海去了那个岛国。

我想在建勋学校"为"的正是"无为"，这也是"人学"中"解放"的核心。

"不人为"。

"去课堂""去管理""去文化""去课程""去评价"……

我去。

"我去"，木村会同意。

苹果园会同意，苹果树和野兔、山鸡、蚯蚓们会同意，山风、云朵以及小溪流会同意，土地、小草和四季会同意，教师和孩子们会同意。

第二章
领导力十课

"我渴望有座孤岛，里面住着爱和善良的人们。"
上天创造了我，然后将模子打碎。
"小鸟从不播种，只管啄食，为何只有人烦恼不已。"

"自渡"领导

在建勋学校的培训是从"教育"领导们开始的。

参加培训的有四个人：总校长郭萌、董事长助理李瑞、小学校长李艳霞、初中校长葛海林。

培训采用以下方式：我每天上午给他们上课，下午让他们给老师们分享；还要求他们把上午的"作业"在当日下午落实，然后第二天晨会上组织老师们反馈；晨会后带着问题来继续学习，我结合他们的问题，进行第二天上午的培训。培训连续进行了十天，姑且把这个培训叫作"十日谈"。

网上有个"博士渡河"的笑话——

一个博士要过河，问船夫："你懂哲学吗?""不懂。""那你至少失去了一半的生命。""你懂数学吗?""不懂。""那你失去了百分之八十的生命。"有个巨浪打来，博士不幸落水，大呼"救我!"船夫用篙指着博士问："你会游泳吗?""不会。"船夫笑着说："那你将失去百分之百的生命。"

看来海德格尔说得没错，面对落水，哲学和数学果然"无用"。叔本华说骑马的人不擅长走路。古希腊哲学家芝诺用两个圆圈对学生这样表述：大圆圈内是我的知识，小圆圈内是你们的知识，我的圆圈比你们的大，我的知识比你们的多，这两个圆圈的外面，就是你们和我无知的部分了，大圆圈的周长比小圆圈的周长长，因而接触的无知范围比你们多。这和庄子"知而无涯"的说法不谋而合。

按照最初的培训设计，我是想先围绕"原点篇"讲"人学篇"，之后讲"心学篇"，再讲"文化篇""课程篇""管理篇""行动篇"，最后落在"教学篇"上，但培训实在不是我撑船渡他们过河，正如弘忍大师的弟子慧能所说，"迷时师渡，悟时自渡"，他们得想办法自渡。

"十日谈"就是这样诞生的。

我事先告知他们，培训结束后有一个整体汇报——给全体老师做一场分享会，我要让他们踏进"同一条河流"。而在培训过程中，我有意识地不断抛出一些问题让他们解答，所以虽然看起来像是漫谈，但他们却不敢"散漫"，要随时提防我的突然袭击，若不专注，不好应付。

第一课：理想学校

2019 年 10 月 24 日上午 9 点。

我记得那天阳光明媚。透过课程中心三楼的玻璃窗看过去，满院的绿色中，夹杂着银杏树叶闪闪发亮的金黄，小水池在欢快地喷涌，横跨水池的那座木桥上有许多小鸟，它们跳跃着，啁啾婉转地歌唱，它们可真是没有烦恼。

幼儿园开学了，老师们领着孩子，排着队去花园游玩，一路上歪歪扭扭，笨拙得像一只只小企鹅，有孩子摔倒了，老师赶紧抱起来，低着头，双手拍打，他们可真幸福。

在我面前的茶台上，放着几盘水果，桃子和李子簇拥在一起，把几颗草莓挤得没了去处，茶壶嘟嘟地冒着热气，它可真是个急性子。

我从一盘香中抽出一根点燃了。香是昨晚一个朋友送的，据说有森林的味道。

就在这氤氲缭绕的烟雾中，我等着他们。

葛海林、李艳霞、郭萌、李瑞四人相约而至。

梁方琴也来了。她说："这所学校就交给你们几个了，兴在你们，亡在你们。我专门把李老师请来，手把手地教你们，学成什么样看你们自己，我也不会说，也不多说。总之，希望在你们，我负责给你们几个沏水倒茶，来，请喝茶。"

这番话姑且算作"开班典礼"，不热烈、不正规却很重要。我们开课了！

　　花开了，就像花睡醒了似的。鸟飞了，就像鸟上天了似的。虫子叫了，就像虫子在说话似的。一切都活了。都有无限的本领，要做什么，就做什么。要怎么样，就怎么样。都是自由的。倭瓜愿意爬上架就爬上架，愿意爬上房就爬上房。黄瓜愿意开一个谎花，就开一个谎花，愿意结一个黄瓜，就结一个黄瓜。若都不愿意，就是一个黄瓜也不结，一朵花也不开，也没有人问它。玉米愿意长多高就长多高，它若愿意长上天去，也没有人管。蝴蝶随意地飞，一会儿从墙头上飞来一对黄蝴蝶，一会儿又从墙头上飞走了一个白蝴蝶。它们是从谁家来的，又飞到谁家去？太阳也不知道这个。

　　只是天空蓝悠悠的，又高又远。

以上是萧红的名篇《祖父的园子》中的一段话。

我把这段话打印出来给他们四个人，他们读来都喜欢得不得了。

我问他们想到了什么？

四个人抢着说：

想到了自己的童年趣事；想到了自由，快乐……

想到了万物有灵，自然和谐；想到了世界的美好……

我说：这所园子是不是一种隐喻，在讲一所学校的生命状态？

经我这样一提示，他们惊奇得"啊"一声，像是恍然大悟，接着感慨，学校要是像这样就太让人神往了。

坦率地说，这么多年来我认真阅读的教育书籍甚少，我读不懂，专家太多，教育太糟。我相信一座温暖的房子肯定不只是用石头堆砌来的，可那些书里净是些理论的石头。我认为如果文字不浸润着月色，不流溢着灯火，那写字的人胸腔里会缺少诗意；如果纸张间不飘荡着微风，不流溢着花香，那作者的眼神里就缺少光芒。我更乐于去阅读大自然，或者走进校园和老师们聊天，幻想一下教育的美好明天。读萧红纯属被她的文字和她的作品题材吸引，多年前我也喜欢写这类东西，还出版过《童年不骑马》和《木子头的村庄》两本小书，读这样的文字如同读"童年传记"，很能唤醒内心最宝贵的一种情愫。

现在他们四个人已把视角伸向教育深处了，我希望他们能找到并能清晰地描绘出好学校的样貌：像"祖父的园子"一样的学校，像"花儿"一样绽放的学生。这或许比讲一些理论概念重要得多。

在整个培训过程中，四个人讨论得很是热烈。我相信黑格尔说的，"最大的天才尽管朝朝暮暮躺在青草地上，让微风吹来，眼望着天空，温柔的灵感也始终不光顾他。"我只是静静地听着，偶尔插句话，激发他们的灵感，因为他们才是他们的老师，我不是，我只想做苏格拉底说的"助产婆"。

我问：用什么词能概括这个园子的灵魂？

他们说：自由。

我说这似乎不太准确。

他们就继续体悟，最后终于找到了"尽情"：尽情生长、尽情绽放、尽情飞翔……

一个"尽情",让大家一下找到了教育感觉。

我继续追问:为什么作品叫《祖父的园子》?其实这和作品的关系已经不大了,文本的价值就是这样,它不是目的,而是一个思考的线索。

大家继续热烈议论。李艳霞说,那是因为祖父的园子承载着祖父对生命的关切;李瑞说,那是因为祖父特有的一种满是爱的眼神。

祖父的眼神!

是的,也唯有祖父这般慈爱的眼神,才能看到那被抚慰滋养尽情生长的生命。

这真是一个惊人的发现!我们一起展开无边的想象,那是一幅多么美丽感人的画面——

祖父站在园子里,微微眯缝着眼睛,一种光如傍晚的余晖,笼罩着整个园子;祖父弯着腰,慈爱地打量着园子里的每一个生命,小声地念叨着什么;他的牙齿几乎掉光了,用粗糙的瘦骨嶙峋的手,轻轻触摸着如婴儿细腻皮肤般的瓜果;他的笑声并不爽朗,脸上密布的皱纹里堆满了笑意,他那颗头颅像一株秋天的芦花,向着无边无际的虚空寂寞高扬……

我们都被这样的画面感动,被诗意的文字感染,久久沉浸在一种思绪里。

大家说:祖父的园子代表着"理想学校"。

我们眼前一直呈现着"理想学校"的画面:祖父的园子、祖父的眼神、尽情绽放、自由生长的无数个生命……

整个上午,我们就这样轻松地谈论着,畅想着,陶醉着,时间过得真快!梁总时不时走进来,时不时插句话,感慨道,你们可真幸福啊!是的,我们幸福。

他们带着幸福的感觉，也带着对"祖父"温暖的感动走了，脚步听起来那么轻盈。这堂培训就这样结束了。黑格尔说：我在茫茫大海里航行，看见了新的陆地。

 **作 业**

1. 背诵《祖父的园子》那段文字，并抄写在黑板上，和师生一起分享。

2. 体悟"祖父的眼神"，谈谈何谓"理想学校"。

第二课：触摸"笑道"

第二日。

昨夜下了一场小雨，校园里那些花草，多了几分鲜明，风也显得清冽，天骤然有了凉意，许多人换上了长袖衣服，唯有那些鸟，依然身穿斑斓的裙裾，像一群快乐的小学生在草地上跳跃着穿行。这样的情景总是能吸引我，打动我。离学校不远的地方有一片湿地，每次前往，都让我流连忘返。那里生机盎然，有各种叫不出名字的鸟类和昆虫，它们自由自在地觅食、恋爱、流浪和死亡，每一个生命都是一首赞歌。

四个人乐呵呵地来了，看见我，手舞足蹈地迎上来。

原来昨天培训一结束，他们就急不可待地回去，组织老师们分享"花开了"。他们说老师们都很喜欢，我说当然，有谁会不喜欢这样有生命存在感的学校呢？

他们说，大家一遍一遍地读，边读边赞叹，似乎每个人都对"花一样"的"理想学校"无限神往。他们的分享一结束，老师们就匆匆跑进了教室，禁不住和孩子们一起分享。整个下午，校园变成了"祖父的园子"，每个人心头都像有一朵花尽情绽放。建勋学校女教师居多，这些女孩子，心底蛰伏着的那份浪漫，一旦被这样的文字唤醒，脸上从此就多了一种柔软美丽的光影。

我也幸福着他们的幸福，激动着他们的激动。

我们的眼神里都盛着柔暖的光，培训就在这样的氛围里开始了。

培训开始前我让人架来了一块黑板，在黑板的正中央，我写下了一行大字：笑着生长。

今天的培训就围绕"笑"来展开。

我特意找来了高士其先生的名篇《笑》，发下去让他们读。

随着现代医学的发展，我们对于笑的认识，更加深刻了。

笑，是心情愉快的表现，对于健康是有益的。笑，是一种复杂的神经反射作用，当外界的一种笑料变成信号，通过感官传入大脑皮层，大脑皮层接到信号，就会立刻指挥肌肉或一部分肌肉动作起来。

小则嫣然一笑，笑容可掬，这不过是一种轻微的肌肉动作，一般的微笑，就是这样。

大则是爽朗的笑，放声的笑，不仅脸部肌肉动作，就是发声器官也动作起来。捧腹大笑，手舞足蹈，甚至全身肌肉、骨骼都动员起来了。

笑在胸腔，能扩张胸肌，使人呼吸正常。

笑在肚子里，腹肌收缩了而又张开，及时产生胃液，帮助消化，增进食欲，促进人体的新陈代谢。

笑在心脏，血管的肌肉加强了运动，使血液循环加强，淋巴循环加快，使人面色红润，神采奕奕。

　　笑在全身，全身肌肉都动作起来，兴奋之余，使人睡眠充足，精神饱满。

　　笑，也是一种运动，不断地变化发展。笑的声音有大有小；有远有近；有高有低；有粗有细；有快有慢；有真有假；有聪明的，有笨拙的；有柔和的，有粗暴的；有爽朗的，有娇嫩的；有现实的，有浪漫的；有冷笑，有热情的笑，如此等等，不一而足，这是笑的辩证法。

　　笑有笑的哲学。

　　笑的本质，是精神愉快。

　　笑的现象，是让笑容、笑声伴随着你的生活。

　　笑的形式，多种多样，千姿百态，无时不有，无处不有。

　　笑的内容，丰富多彩，包括人的一生。

　　笑话、笑料的题材，比比皆是，可以汇编成专集。

　　笑有笑的医学。笑能治病，神经衰弱的人，要多笑。

　　笑可以消除肌肉过分紧张的状况，防止疼痛。

　　笑也有一个限度，适可而止，有高血压和患有心肌梗塞毛病的病人，不宜大笑。

　　笑有笑的心理学。各行各业的人，对于笑都有他们自己的看法，都有他们的心理特点。售货员对顾客一笑，这笑是有礼貌的笑，使顾客感到温暖。

　　笑有笑的政治学。做政治思想工作的人，非有笑容不可，不能板着面孔。

　　笑有笑的教育学。孔子说："学而时习之，不亦说乎！"这是孔子勉励他的门生们要勤奋学习。

　　读书是一件快乐的事。我们在学校里，常常听到读书声，夹着笑声。

笑有笑的艺术。演员的笑，笑得那样惬意，那样开心。所以，人们在看喜剧、滑稽戏和马戏等表演时，剧场里总是笑声满座。笑有笑的文学，相声就是笑的文学。

笑有笑的诗歌。在春节期间，《人民日报》发表了有笑的诗。其内容是："当你撕下八一年的第一张日历，你笑了，笑了，笑得这样甜蜜，是坚信，青春的树越长越葱茏；是祝愿，生命的花愈开愈艳丽；呵！在祖国新年建设的宏图中，你的笑一定是浓浓的春色一笔……

笑，你是嘴边一朵花，在颈上花苑里开放。

你是脸上一朵云，在眉宇双目间飞翔。

你是美的姐妹，艺术的娇儿。

你是爱的伴侣，生活有了爱情，你笑得更甜。笑，你是治病的良方，健康的朋友。

你是一种动力，推动工作与生产前进。

笑是一种个人的创造，也是一种集体生活感情融洽的表现。

笑是一件大好事，笑是建设社会主义精神文明的一个方面。

我这篇科学小品，再加上外国的资料，可以在大百科全书中，在笑的项目下，占有一席的地位。

让全人类都有笑意、笑容和笑声，把悲惨的世界变成欢乐的海洋。

我先让语文教师出身的葛海林领着大家读，然后再让他带着大家一起分析。他说这篇文章主要是谈了笑的生理机制、笑的功能，重点是对笑的讴歌，文章表达了作者崇高的愿望，让全人类都有笑意、笑容和笑声。

大家说，看来我们建勋的"笑文化"还真是蛮有深意的。李艳霞说，笑竟然还能让身体健康、心情愉悦、人际和谐、生活丰富，那我以后得带头笑，我们小学就实践笑文化了。我问她如何实践，她想了想，扳着手指头一条一条地说，然后问我"中不中"。

我说，好是好，但你要理解，说文化仍然只是一种现象，如果深入探讨下去，我们应该回到"道"的层面上去探究"笑道"。

"咋又回到'孝道'，这和咱的'笑文化'有什么关系？"李瑞一脸茫然地问。

我说"是'笑道'"，并随手写在黑板上，又特意画了个圈，大家哄堂大笑。

我说，咱谈"笑道"可不是找噱头、玩概念、吸引眼球，而是营造一种能让人笑着生长的环境、人际、课程，体现建勋学校的特质与个性，改变对人的基本认识和态度，激发生命的"特有机能"。我接着说，我们应这样看待人？随后在黑板上写道：

1. 每个人内心深处都沉睡着一个巨人……

我刚写了一半，他们就念出下半句，"一旦巨人醒来，任何人都可以成为大成就者"。

2. 每个人都是玫瑰花……

大家又念出下半句，"有不同的花期……"

我还想写，突然意识到有这两条就够了，于是停了下来。

我指着第一句问：可以看出来教育是什么吗？他们回答，唤醒"巨人"。我板书"唤醒"。我又指着第二句问，他们说，耐心与欣赏。

是的，耐心和欣赏。我重复他们的话，接着继续追问：是应该等待每一朵花不同的花期，前提是你相信每一朵花都能盛开，可万一就有一朵花迟迟不开，那又当如何？

大家一下陷入了沉思。郭萌说，那就得"始终欣赏"。我板书"始终欣赏"。又在下面画了道横线。

我继续追问：在教育教学中，如何做才是"始终欣赏"？请举例剖析。

葛海林说，那就要有"祖父的眼神"！

大家为他鼓掌。

李艳霞突然若有所思地说，看来我们得改变我们的文化了。她的思考又回到文化上了。

李瑞接着她的话说：对，我也觉得需要改变，比如对所谓的"差生"的态度。

当她说到"差生"时，李艳霞接过话来说，以祖父的眼神看孩子，一定会是这样的——差异不等于差。我板书写下这几个字。她继续说："我刚才冒出来一个想法，以后每天早会改成'点赞会'怎么样？教师早会、班级早会都这样。而且越是对'差生'，不！越是对'差异生'和'有问题'的教师，越是要学会欣赏，始终欣赏，专门组织大家可着劲找他的优点，一条条列出来，还要在每个班级、每个楼层设置'点赞台'……"

她信马由缰，任思绪驰骋，竟一发而不能收，她说：点赞就是唤醒，就是对生命的欣赏、赞美、讴歌，就是爱。

她脑洞大开，由一个问题连带着讲出来好几个问题，比如关于"唤醒"、关于"问题师生"的处理机制、关于欣赏、关于爱……我认真倾听，随手在黑板上写：点赞会、点赞台……

她说了好一阵子才停下来，身子斜靠在椅背上，很享受的样子。梁总赶紧倒了一杯茶递给她，笑吟吟地说，李校长，厉害，请饮茶。

大家又是一阵哄堂大笑。

笑过之后，郭萌说："除了李校长刚才提到的'唤醒'，我觉得教师还需要注意以下两点：一是教育教学的智慧，比如主动示弱、放手；二是除祖父的眼神外，还要有优秀的品质，要相信孩子，相信'种子'，身上要有'妈妈的味道'。"

郭萌提醒了我，我在黑板上写下了《种子的信仰》：

> 我不相信，
> 没有种子，植物也能发芽。
> 我心中有对种子的信仰，
> 让我相信你有一颗种子，
> 我等待奇迹！

我请他们一遍遍地读这段话，然后留时间让他们整理今天的培训笔记。

笑——尽情——唤醒——始终欣赏——祖父的眼神——点赞会、点赞台——爱——种子。

在进行培训总结时，他们都说今天收获极大，似乎有一种醍醐灌顶的感觉。李艳霞后来对我说，经此一次，自己似乎一下子"悟"了，登上了一个新的台阶，从此对教育有了全新的认识。

我也笑着说，这是我多年培训中感到最为轻松愉悦的一场，而至于最终是否解释了"笑道"，以及是否界定了内涵或者我们理解得是否深刻已不重要，重要的是他们触摸到了那种感觉，把握住了教育最核心的部分，由此有了自己的体认。

培训者的角色是什么？培训者和学员是什么关系？培训是为了

什么?

美国总统威尔逊曾说过一句很经典的话:你可以把马牵到河边,但你不能强迫它喝水。

 作 业

背诵《种子的信仰》这段话并分享,理解"笑文化"的内涵,落实点赞会、点赞台。

第三课：感觉与味道

第三日。

一大早，我就被一个电话吵醒了。

电话是一位平时并不常联系的远方朋友打来的，她曾经是我的学员，也是一位颇有名气的特级教师，担任业务副校长。她说，他们学校有个孩子跳楼了，我听了心情沉重。她很苦闷地说：李老师，我想辞职，找个真正做教育的学校去当个普通教师。她说，升学的压力把教育挤占得没了空间，这样做还有什么意思？说着说着，她在电话里泣不成声。我劝慰她半天，搞得连吃早餐的心情都没了。我泡了杯茶，边啜饮沉思，边等待着他们来上课。

四个人来时有些落寞。我很讶异：这是怎么了？

他们说，老师们有些蒙。

怎么会这样，昨天不是都感觉很好、收获很大吗？为什么带着这种收获走近教师，却让老师们有发蒙的感觉？

当这种情况出现时，也就意味着一场教学的失败。

看来我昨天的培训是失败的！

我看着黑板上昨天的板书：笑——尽情——唤醒——始终欣赏——祖父的眼神——点赞会、点赞台——爱——种子。我快速地思考着，问题究竟出在了哪儿？

这就好比一场球赛，大家发挥得都不错，最终却赢了过程输掉了比赛。多年从事教育教学培训，我有过这种经历，这是我最不愿意看到的结果。出现这种情况，意味着培训基本上是失败的。

我突然想到曾经听过的许多所谓的"好课"，我不是也在评课时多次重复"课堂看学生"吗？我是不是也先入为主，自以为是了？是不是也按照自己的预设和"我的需要"来控制他们了？是不是脱离了学情，肆意发挥，自以为很过瘾，却让他们如坠云雾了？

是的，就是这样！

我只是给了他们一种似乎很好的感觉，却不能把他们的感觉"转化"成他们的收获，更不能让他们"感觉迁移"，用自己的感觉"替代"别人的感觉。其实在现实生活中，这种经历大家都有，比如听一场专家讲座，似乎讲座精彩，听得也投入，可事后一回忆，也就只剩这种感觉了，究竟学到了什么，说不出来。某些名师的公开课不就是这样吗？主讲人觉得课上得不错，可是孩子们却有些晕头转向。我的培训显然也犯了这样的错误，必须加以调整，重视他们的真实收获，想办法在"转化"上下功夫，而不是只简单停留在"感觉"层面。

我下意识地在黑板上写下了"感觉替代"，接着又写下"认知转换"。

我问：昨天的培训，你们觉得最受触动的是哪部分？

郭萌说她对"祖父的眼神"感受深刻。我问，为什么？她答，有画面感。

"有画面感"就是一种感觉转化，如果他们每个人给老师们分享的是形象的画面而不是抽象的感觉，会如何？

就这么办！我决定从画面感入手调整培训。

这次，我选择了他们的一个老熟人——汤普森夫人。

汤普森夫人的爱心

汤普森夫人是一名小学教师，就在开学的第一天，她站在五年级的教室里对学生们说了句违心的话。同大多数老师一样，她看着学生们说，她会一视同仁地关爱每位学生。但那是不可能的。你看，坐在前排的那个小男生，懒洋洋的，他叫特迪·斯托达德，汤普森夫人一年前就注意到了他，他和其他同学合不来，总是脏兮兮的。特迪也非常招人厌，汤普森夫人恨不得把他的作业本都打上大大的红叉，在他的卷子上写上大大的"不及格"。学校要求任课教师审核学生过去的成绩单，汤普森夫人把特迪的先放到了一边，想看完了其他人的，再去看他的。汤普森夫人看完特迪的成绩单后，不禁大吃一惊。

特迪一年级的老师这样写道："特迪是个总能微笑面对一切的聪明的孩子。他的作业写得比较整洁，且非常有礼貌……与他相处是一件令人愉悦的事儿。"

二年级的老师写道："特迪是名优秀的学生，同学们都很喜欢他，但母亲患了绝症，这使他很苦恼，他的生活一定很艰难。"

三年级的老师写道："特迪母亲的病故给了他沉重的打击，他一直努力想表现得更好，但父亲对他漠不关心。如果不采取一定措施，他的家庭生活很快就会对他产生极坏的影响。"

四年级的老师写道："特迪是个性格孤僻的学生，他对学校生活毫无兴趣，他几乎没有朋友，有时上课还睡觉。"

直到现在，汤普森夫人才弄明白，她为自己之前的想法和行为感到羞愧。不久，让汤普森夫人更为难过的事情发生了。圣诞节到了，学生们送给她许多精美礼品，用鲜艳的包装纸和漂亮的蝴蝶结装饰着，而特迪的礼物却用杂货店厚重的包装纸马马虎虎地包着。汤普森夫人把特迪的礼物从一大堆礼品中挑出来，小心翼翼地打开，一只水晶镯子出现在她的面前，上面有几粒珠子丢掉了，另外还有一瓶香水，里面剩余的香水少得可怜。孩子们大笑起来。

但是汤普森夫人制止了孩子们的笑声，她大声说，这镯子太漂亮了，她当即把它戴上，然后又把香水瓶里的香水喷在手腕上。那天放学后，特迪留下了，对他的老师说："汤普森夫人，您今天身上的味道和我妈妈的一样香。"特迪走后，汤普森夫人情不自禁地哭了起来，足有一个多小时。自从那天起，她不再只教授阅读、写作和数学，而开始与孩子们进行心灵的沟通。

汤普森夫人对特迪更加关心起来，陪他一起做作业，时不时地鼓励他。他的思维开始活跃起来，他的反应也变得越来越敏捷。期末，特迪成了班级最聪明的孩子，尽管汤普森夫人仍在违心地说她会一视同仁地关爱每位学生，可最喜欢的却是特迪。

一年后，从门缝里塞进来一封信，是特迪寄来的，信上说，她是他有生以来遇到的最好的老师。六年过去了，她又收到了特迪的信，上面写道，他以班级第三名的成绩从中学毕了业，并告诉她，她仍是他有生以来遇到的最好的老师。又是四年过去了，她又收到了他的来信，他说，尽管有时生活中会遇到许多艰难险阻，但他一直坚持在校读书，不久将以优异的成绩从大学毕业。他在信中又一次肯定地说，她是他有生以来遇到的最好的老师，也是他最最喜欢的一位老师。

又一个四年过去了，汤普森夫人第四次收到了一封信，在这封信中他写道，获得学士学位后，他决心继续深造，信中仍然说她是他有生以来遇到的最好的老师，也是他最最喜欢的老师。但现在，他的名字后多了几个字，其签名是：硕士萨尔多·斯多特。至此故事并未结束，那年春天，又来了一封信，特迪说他遇到一个女孩，并打算很快和她结婚。特迪说父亲已经去世多年，他想知道，汤普森夫人是否愿意以新郎母亲的身份参加他的婚礼。当然了，汤普森夫人非常高兴地答应了。你猜，接下来发生了什么事情？她戴着那个掉了几颗珠子的手镯，也记着喷了些香水，那香水味曾让特迪忆起妈妈，忆起他们最后一起度过的那个圣诞节。

婚礼那天，他们亲密地拥抱着，特迪趴在汤普森夫人的耳边小声说道："谢谢您对我的信任，谢谢您让我懂得珍视自己，并证明了我可以改变自己，使我的生命更加有意义。"汤普森夫人此时已满脸泪水，她轻声答道："特迪，你错了，是你教育了我，使我真正有所改变。遇见你之后，我才真正深刻地认识到什么是教书育人。"

因为他们对文本比较熟悉，我就没再做更多的分析，我在黑板上写上：祖父的眼神、妈妈的味道。我首先让他们聚焦，尤其要说出哪些地方体现了"妈妈的味道"，然后尝试把抽象的"妈妈的味道"转换成可以浮现、描述的形象，再接着思考把"妈妈的味道"转化成具体的行为。

尽管大家都很熟悉这个故事，但还是被深深打动了，眼里噙满泪水。

究竟是什么让大家如此感动，一句"妈妈的味道"让人酸楚心疼。可以想象，汤普森夫人眼前的这个孩子，在失去亲爱的妈妈之后，该有多么渴望爱与被爱，一个仅有十岁的孩子，又是怎样在冷漠、歧视、嘲讽中痛苦挣扎，他小小的心脏每日里在经历什么，他的眼神里盛着什么，没有人理解他、安慰他、疼爱他，而老师的出现对他来说非同寻常，让他从此告别了寒冷、绝望与孤独。

我再度让大家想象"眼神"，想象那个孩子向人求饶的眼神，想象他无助时向世界发问求解的眼神，想象他充满了羡慕和渴望爱的眼神，想象那种施加给他、笼罩着他的冷漠的眼神；想象那种温暖着他、拥围着他、期待着他的不一样的眼神……最后再想象自己就是那个可怜、不幸的孩子，再一起经历、感受被汤普森夫人那种"祖父的眼神"照耀着的温暖、幸福和满足。

我用这样的"想象"，将他们带入了一种情境之中。正如怀特海所言，想象力会在人和人之间传染。他们是真的被触动了，禁不住嘤嘤地哭了，他们趴在桌子上，肩膀一耸一耸的。

按照昨天的培训，似乎到此就该结束了，但我吸取了教训。

我要再度"转化"。

把"感觉"转化成具体"想象"，然后再把"想象"转化成一种"教育体验"和"学习发现"。我希望他们能透过"祖父的眼神"和"妈妈的味道"去发现好教师的秘密，理解好教师是什么样的，然后努力开展一场"自我革命"，成为像汤普森夫人那样的好教师。

我在黑板上写下：教育改革始于一场"眼神"和"味道"的

革命。

他们说，真好！

我让他们记住"眼神"和"味道"的革命。

接下来，大家开始了具有针对性的讨论，"眼神"和"味道"就是理念和行为，它不是一种框定，是一种启发和激励，更是一种理想和目标。他们慢慢感悟到，教育的根不是扎进书本、知识和方法里，而是扎进文化精神的虚空里。

最后，我用苏霍姆林斯基的这段话作结：

一个好老师意味着什么？首先意味着他是这样一个人，他热爱孩子，感到和孩子在一起交往是一种乐趣，相信每个孩子都能成为好人，善于跟他们交朋友，关心孩子们的快乐和悲伤，了解孩子的心灵，时刻都不忘记自己也曾是个孩子。

转得怎么样，需要实践来检验。

默然无语，却又别有滋味在心头……

 **作 业**

1. 与老师们分享"妈妈的味道"。

2. 背诵"一个好教师意味着什么"。

3. 早会征集和讲述"味道故事"。

4. 落实反馈"点赞文化"，转化教育行为。

第四课：好教师"三个一"

第四日。

风和日丽。

一早给那位想辞职的朋友打电话，听得出她开朗多了，兴许是想开了、妥协了。我告诉她：内心需要接受，精神永不屈服。教育终究是在追求一种理想的人生，如果放弃了，就好比一朵花放弃了春天。她说，听了我的话，又感觉自己有了力量。我舒了一口气。

昨日晚间我抽空给青年教师做了一场座谈，这些刚毕业不久的孩子，受传统教育影响太大了，整个观念还停留在陈旧的"三中心"上，他们说读大学时老师就是这样教的，所以他们也这样教学生。刚开始听我讲，他们瞠目结舌，有人举手发问，孩子不会时也不教吗？我不得不从何谓学习讲起，然后谈教育与生活，生活与学习，学习与做人，做人与做事，很快三个小时过去了。最后我让他们谈谈感想，他们说，头蒙蒙的，冲击太大了，似乎一时还反应不过来。但也有几位老师说，这才是自己想要的教育，又有了一种教育冲动。我说，你们才刚刚开始，咋是"又有"？他们回答，上高中、读大学时心就死了。于是大家笑，含着泪笑。我建议学校成立一个"青年教师成长学院"，他们踌躇着说，没有时间也不知道怎样活动。我说就像你们读大学时搞社团那样，他们笑着回答，如果那样就真没多大意思了。真耐人寻味啊！

四个人轻盈地来了。

不用细问，我知道效果很好，教育写在脸上呢。他们说，一个"眼神""味道"的革命，让老师们的面部表情有了变化，轻松多了，能笑出来了，这样大家都很开心。

他们结合"花开了"，进一步理解了"眼神""味道"的重要性。

他们说："点赞""欣赏""祖父的眼神"和"妈妈的味道""花开了""笑文化"其实是一回事，都是为了"唤醒"每个生命，让每个生命笑着生长。

"一回事"，就是这么回事！

我在黑板上写下：花开了（理想学校）——点赞会、点赞台（策略）——祖父的眼神（情感）——妈妈的味道（标准）——学会欣赏（文化）——唤醒生命（核心）——笑着生长（状态）——转化认知（基础）——改变行为（路径）——新形态学校（结果）。

然后，我开始解读其内在关联性，并让大家体悟、交流，整体把握。

在我解读的过程中，他们说发现了问题，我说光发现问题不行，还得谈见解。经过前三场培训，我们彼此之间达成了默契，他们也基本熟悉了套路：不停地追问，而且话题杂芜，古今中外、天上地下，一会儿谈婚恋，一会儿说饮食，一会儿论教学，一会儿讲故事，这样

"一通乱说"，旨在"一通"。

他们说，光理解的确不够，还要进一步细化，比如策略要加强、标准要明确、路径要清晰。

我征求他们的意见：希望先解决哪个问题？他们说，标准。

那就说标准。这正好和昨天的培训衔接起来了，昨天只是要他们记诵，没有进行内化、转化就下课了，留着尾巴呢。

我"检查"了他们的背诵，然后让每个人做"不重复"的分析。

葛海林说，好教师有四个关键词——热爱、相信、关心、了解，这是好教师的特质，和之前讲的"相信、解放、利用、发展"有共通之处，能做到就是好教师。

李艳霞说，好教师有一个"眼神"就够了。她还特意结合在早会上征集来的一个故事，进行分析，很生动，很感人。我说她"转化"得很好，不是讲故事，而是以故事为背景讲教育，会讲故事是本事，会借事喻理是真智慧，就像教学，普通教师教教材，不一般的教师用教材教，李校长是得了精髓了，内化成自己的了。我这样一说，大家都为她鼓掌，她有点激动。

之后是郭萌，她说，教师还得体现出教育的引领性，光有爱意绵绵的"眼神"不够，还要有行为世范那样的身教言传，"妈妈的味道"就是后者。她结合工作谈体会，和李艳霞的套路一致。我也表扬了她，称赞她也"转化"了，从"妈妈园长"变成了"园长妈妈"，她开心得脸红了。

李瑞最后说，好教师就是一个好教育的环境，祖父的花只开在"祖父的园子"，妈妈的味道只在妈妈身上，教师不是涂抹一种"教育化妆品"，要有一颗"妈妈的心"。这段很诗意的表述让人眼前一亮，真没想到，她说得这么好。也难怪，她的个性化成长经历让她更关注

"环境"。我带头为她鼓掌，然后问她，你刚才说的是"好教师就是一个好教育的环境"还是"好的教育环境"？她想了想说，还真有点不一样，还是用前者吧。

他们讲得不错。我感慨道，孟子曰君子有三乐，得天下英才而教之为其一，真有同感。梁总一直用心倾听，她接着我的话说，讲得太好了，说中午她请客。午饭时她又说，要不是亲眼所见，真不相信这些话是他们几个说出来的。我打趣地问，你这是打击还是表扬？大家都开心得大笑。她也叫着"开心、开心"。这一叫不打紧，她的外孙闻声跑来了，问："姥姥你叫我？"梁总的外孙乳名"开心"，开心一来大家就更开心了。

接着说上午的培训。

几个人发言后，我让他们综合一下，看能否基于我们的理念和教育目标，形成建勋学校的好教师标准，三条就可以。

"一张笑脸"，这一条毫无争议。"一颗爱心"，也达成了共识。只有第三条有些争议未决。

葛海林的建议是"一种信任"；李艳霞说，不如"一种精神"；郭萌说，应该是"一种示范"；李瑞说是"一种环境"或者"一种影响"……

我启发道：第三条要能解释前两个，为什么需要"一张笑脸"？他们说，笑着生长，笑对生活，笑对生命，笑对世界，"笑"代表状态。第二个呢？"爱是最高师德""没有爱就没有教育"……我说，假如三条形成的是个标准体系，最后一个应指向教师的行为作用，郭萌的"示范说"和李瑞的"影响说"比较接近，教师就是环境，就是风气和精神，毕达哥拉斯说"和谐就是一切"，我建议用"一身正气"，不知可否？

大家都点头表示同意。

如此，建勋"教师三个一"便形成了——

一张笑脸：指向生命状态。

一颗爱心：指向精神素养。

一身正气：指向行为影响。

"教师三个一"代表了建勋的教育意义、学校文化、教师精神。

围绕"教师三个一"，上午的培训真成了漫谈。

我依然不敢忘记扣住"转化"，让大家集思广益——

笑脸："笑园""笑脸墙""今日我最美""笑园擂台赛""笑长月""微笑节""微笑大使""微笑人物""微笑班级"……

爱心："爱心月""爱心大使""心愿心语""爱心行动""爱满班级、寝室、小组……""爱的故事会""妈妈我爱你""我爱大自然""建勋，我爱你""老师我爱你""我爱中国文化""我爱民族传统"……

正气："正气月""正气歌""正气人物""正气墙""正气100条""正气行动""正气班风""正气书体"……

他们都是想象力极丰富的人，但教育不是想象力比赛，也不是行为艺术，而是让种子发芽。

坦白地讲，我对当下某些学校的"特色文化"有些看法。在我看来，活动课程如果离开了对人的"爱"，那不过是在借着文化的名义展示自己的某种喜好、威权，有些人酷爱、推崇传统文化，这是好事，也是文化的福音，但仍然需要更进一步审视和追问文化和文明的关系，这个世界其实只存在着文化冲突的表象，而不会有文明本质的冲突，文化是一种历史，而文明却代表未来。

这时我想起了孔子和佛陀。

有时候我真的为他们委屈。

我们塑造了一个"文化孔子"，却离有血有肉的孔子越来越远。于是我就又离题万里，给他们讲作为好老师的孔子——

孔子是一个蛮有趣的人。

有时几天不说话，子路问他，他说"天何言哉，四时行焉，万物生焉"。对于那些不太喜欢的人，比如阳虎，即便人家登门拜访，也称病不出，人家刚离开他的家门，他便弹琴高歌。

他满口仁义，而对叛乱之人，也不拒绝。子路不解，他没好气地说：难道我是个葫芦，挂那里任人看的？

他太急于推销自己了，好不容易当了鲁国相，却被晏子和景公暗算，骗至齐国，放了鸽子，"赔了夫人又折兵"，只能灰溜溜地告辞，一路惊险无比，还因此被困陈蔡，历史上的"陈蔡之厄"讲的就是他老人家这段败走麦城的经历。还有更雪上加霜的，本就困于陈蔡了，偏又被人误认作阳货遭遇围攻群殴，被揍得鼻青脸肿。找个地方停下歇歇，想煮点米粥充饥，眼看饭快熟了，却又听见人嘶马鸣，赶紧就得撤退，因舍不得丢了锅和米，慌张中也顾不上烫手了，捞起来用衣袂兜了猛跑，你说是不是倒霉透顶了。后来他到了楚国，想找人问问路，活该他倒霉，这个人不仅不告诉他，还策反他的弟子子路，说跟着他这样的人混能有啥出息。就连他的邻居，都敢当面羞辱他，你什么夫子啊，会赶马车不？

他最欣赏颜回，指望他继承衣钵，却不承想颜回早夭；他最喜欢的子路，被人剁成肉泥；弟子中亦不乏卖师求荣的公伯寮之徒。

微生亩谓孔子，你这样东奔西走图个啥？他回答，我哪里是为了施展辩才，"疾固也"，那是因为我痛恨固陋，"莫我知也乎"，真是没人懂我啊，不如弄条小舟去东海桴浮而去。

我不知道他们明白没有，坐在殿堂的孔子不是他，真的圣人是真实的人，是在磨难中坚持下去的人，也有性格甚至会发脾气，但过后依然会收拾心情，向着自己的天赋使命前行。

我希望，不是用"教师三个一"强行塑造出一些完美的人，而是尊重每个人的"本来"，毕竟他们不是"生活在别处"，要实实在在地帮助他们，孔子说"己欲立而立人，己欲达而达人"，这是"爱"。

 **作业**

1. 结合点赞会、点赞台尝试丰富"教师三个一"活动，每个人都能解读"教师三个一"，一周后评选推出"三一人物"。
2. 理解"爱"是体谅、容忍、欣赏，搜索学习日本学校的"体谅文化"。
3. 学习白岩松演讲中关于华益慰的故事。
4. 体悟三化：转化、内化、变化。

第五课："考试"来了

第五日。

昨日晚间步步高学校的方玉英夫妇来访，随行的还有个叫陈曦的小伙子。我是第一次和他见面，彼此相谈甚欢，他对文化和教育的思考，尤其是他身上的那种蓬勃朝气，雏凤清音，令人欣幸。后来疫情期间，他作为志愿者，以虚拟的"河南高校联盟"名义，发动捐助，默默无闻地做了很多事，我从这样一个知行合一的青年身上，看见了希望。

我和方校长夫妇是多年的老朋友，他们的步步高学校，取"步步登高"之意，是所很有特点的小微学校，被人称为"有生命的学校"，也是一个经常被彩虹和日晕光顾的神奇的学校。我们商定，今日下午他们接我去步步高学校，晚间给老师们做个讲座。

他们四个人翩然而至。

依然先是情况反馈：坚持了几天的点赞会看上去效果不错，大家比之前"客气"多了，尤其是之前心理压力较大的师生，笑容多了，并挖掘出几个"爱心故事"，设立了一个"建勋人物"评选活动；小学部围绕"唤醒"，要求每节课第一环节是送学生一句"寄语"，同时把"爱"体现在小组互帮上。中学部参照"教师三个一"重点放在改变师生关系上，组织教师学习汤普森夫人，在细节上体悟如何做好教师。

他们有一个疑问：这样"始终欣赏"，是不是意味着不要管理了，是否在鼓励某些放纵？

真是说曹操来曹操。

郭萌突然接了个电话，挂断后表情严肃地说，王平老师又发飙了，这已是近期第三次了，她冲着全班学生大发雷霆，恶狠狠地把水杯摔在地上，有几个胆小的孩子被吓哭了。说着说着声调就高了，听得出郭萌有些生气。

李艳霞闻听，站起身子就要走。

我叫住她，问她去干什么。她说去处理。我指着凳子说，坐下！她疑惑地看着我，不清楚我为何不让她去。

我盯着他们，问道："你们觉得这事该怎样处理？"

李艳霞紧皱眉头说："一个大姑娘家的，哪来这么大脾气？前几天她就耍过一次了，也是摔杯子，我批评了她，这不刚好几天又犯了。"郭萌附声说道："摊上这样的老师，孩子们能幸福？……"

她们俩你一言我一语的，培训会变成了批斗会。我说："看吧，你俩的脾气也不小。"她们相互看了对方一眼，端起杯子大口喝水。

我问李瑞的看法，她说："她是有些问题，但是……不过……"葛海林一言不发，表情凝重。

我故意叹口气，意味深长地说："培训好几天了，又是'点赞'，又是'始终欣赏'，什么祖父的眼神、妈妈的味道、笑着生长、转化、内化、变化，咋一遇事就又退回原点了呢？"

我的语气严肃起来："你们都说培训效果很好，果然是好啊，好到一有事就现出原形了！"

经这样一点，他们立刻有了"幡然醒悟"之感。

"对呀，咋又回去了？"

我说："既然又'回去'了，那就商量商量如何办吧。"

……

商量的最终结果是留下她。他们说，假如她真有心理问题，撵走她，对她来说岂不是雪上加霜，咱轻松了，可她要是继续做教师，依然会"为害"别校的孩子。

我提醒说要注意用词，他们自嘲地摇头。

我说："给你们三天时间，不要急着处理，去着力找出她有什么优点。"梁总始终端坐一旁一言不发，但看得出她对这样的结果很满意。

此事暂告一段落，开始今天的培训。

其实，刚才的那个插曲就是培训。怀特海说，教育只有一个主题，那就是丰富多彩的生活本身。不论什么样的培训，最终也得用生活去影响生活。

今天培训的基本内容是：

1. 介绍钟摆实验：在一个房间里，为什么摆动幅度和方向均不同的钟表，最后会趋于一致。"频率相同"展现出来的正是文化的作用，由此引申出团队的关键在于"志同道合"。学校好比实验中的"一个房间"，而每个人好比"钟表"。通过这个实验，希望大家认识到"笑着生长"正是建勋的"频率"。

共振原理在实践中的运用：大兵过桥为何要打乱脚步？同样，频率不同会造成团队力量的消减内耗。

2. 再次解读"文化"，包括中西文化的对峙、善恶论、阴阳论……文明是整个人类所共有的，文化只是通往文明的"介质"和"管道"。我们今天做文化，目的是传承人类智慧，缔造我们生命本来的意义，彻悟"文化"最好应儒释道互参。比如，以老子的"天地不仁，以万物为刍狗；圣人不仁，以百姓为刍狗"为管道，体悟智者看待生命万物的观念。重视认知孔子的"君子和而不同"与"小人同而不和"中的"和"，建勋学校应该做"君子文化"而非"小人文化"。"和"体现在理念、见地、价值三个方面上，要尽可能借"不同"反躬自省，它代表着一所学校的气度，是否能海纳百川、兼容并包，在方法、表现、思想上接纳异己，"始终欣赏"；最后落脚在费孝通先生的"各美其美，美人之美，美美与共，天下大同"十六字箴言上，费孝通是"中华民族多元一体格局"的提出者，在建勋我们既要思考"多元一体"，更要思考如何"一体多元"？未来建勋将聘请国内各领域有思想建树的人来建勋开设"工作室"，把建勋办成当年的"西南联大"。我们一直讲"好教育是一方池塘"，这个池塘正是文化的代名词。

3. 大海与水滴思维：每一滴水都是大海，每片海都不过是一滴水，究其根本，无非是大与小概念的不同。从太空看地球，会有不过是一只乒乓球的慨叹，所谓大千世界、芸芸众生、爱恨情仇，也无非是发生在一只乒乓球里，似乎伸出手就能捏碎。智者说沧海一声，又说叶花世界，究其根本，无非是如何看待人与宇宙万物的关系。有了这样的认知，还会过分在意个人的爱恨情仇、得失荣辱吗？还有什么想不开的？

4. 著名的"三梦"——庄周梦蝶、黄粱美梦、南柯一梦，都是一种人生隐喻，是说人生短促，世事无常。你所精心设计的一切，不过是一场自我执念，如水月镜花，如露如电。"梦"代表角度，当以梦为镜，去发现认知的片面和局限，以此提示自己在生活中遭遇困难时，即使暂时无法看破，也该主动换一个角度，少一点盲人摸象的偏见。

有一首很耐人寻味的诗，据说是一落魄读书人，途经邯郸道，郁郁而作，"四十年来公与侯，纵然是梦也风流；我今落魄邯郸道，要向先生借枕头。"真是千古一迂，书读到这份上，人被书禁锢住了，可悲！

5. 管理即解放：管理的意义在于引领人"由迷入悟"。一切对人的禁锢、惩戒、打压、歧视，都凸显出"刑治"的特征。不能用丑陋代替美好，用低俗冲淡高雅，用野蛮掠夺文明。管理者需要清醒地认识到：管理是为了实现人生的幸福，应回到人本上尊重人的权益和价值，回到心本上唤醒心灵和使命，让学习发生，让成长发生，让改变发生。

我建议阅读巴西教育家弗莱雷的《被压迫者教育学》，领悟"教育即解放"，果敢地把教师和学生从"驯化教育"和"银行储蓄式教育"中解放出来，"最终目的是通过教育之船把人载向自由的彼岸，从此大彻大悟，获得真正的解放"。

6. 解读陶行知的六大解放：

解放他的头脑，使他能想；

解放他的双手，使他能干；

解放他的眼睛，使他能看；

解放他的嘴，使他能谈；

解放他的空间，使他能到大自然大社会里去取得更丰富的学问；

解放他的时间，不把他的功课表填满，不逼迫他赶考，不和家长联合起来在功课上夹攻，要给他一些空闲时间消化所学，并且学一点他自己渴望要学的学问，干一点他自己高兴干的事情，还要把工友当作平等的人和他们平等合作。

杜威先生也说过："要解放儿童的头脑、双手、嘴、空间和时间，并且给予充分的营养。让他们置身自然，研究自然，较之于几十平方米的教室，学习的时空更加广阔，手、口也更加自由了，他们就会感到自主、轻松、愉快。"

7. 杜威与陶行知。用陶行知自己的话说："我从美国回来，用杜威的一套到处碰了壁，到了山穷水尽，不得不另找出路。"杜威的主要观点是教育即生活、学校即社会、从做中学，而陶行知的却是生活即教育、社会即学校、教学做合一。虽然只是"翻了个跟头"，但无论内涵还是本质，都有很大的不同。陶行知对杜威多有批评，他说：教育即生活，是把孩子"关进鸟笼子里"，学校即社会是"闭门造车"，而从做中学则过分重视儿童的"经验"。

他们两个，一个是把生活圈进学校，一个是让学校走进生活。今天我们之所以要区分他们，是为了吸纳他们的教育中最有益的成分。比如杜威所言，生长是生活的特征，而教育就是生长，所谓生长就是指向未来发展的过程，教育的历史就是生长的过程，值得细细体味。

8. 教育是为未来做准备吗？

在木村篇里曾涉及这个话题，再次重申，是因为我在参加一次班会时，听到我们的老师总在强调让学生为未来做准备。大家都上过学，都听过老师描绘的未来，结果却发现"未来"并没有按老师们的设计而发生。我觉得应该转变一下观念，进行"当下即未来"的思考，教育就是立足当下，重视当下，"笑着生长"。

要认真理解"当下"这个词，它不是一个时间概念，而是一种生命状态，个人生活里的每一件事、每一个细节都富有意义，只是我们总带着一个"概念"来拒绝和排斥，以为这不是好事，那不是好事。很多时候我们所下的结论，是基于我们的意图而来的，所以我们会理所当然地介入干预。我们想要每个人笑着生长，也是一种企望，是一种外在的期待，和他自己去想所做是两码事。教育管理者需要在这个地方下功夫，不断研究如何诱发他去想。

如何诱发？

作 业

1. 面对王平事件，自己为什么"心有不平"？换一种眼光看王平，她有没有优点？

2. 给老师们分享"钟摆"和共振，最好自己动手做实验，然后去院中小桥上体悟"齐步走"和"花步走"。

3. 理解今天培训的内容和逻辑顺序，思考以下几个问题：文化为何是媒介？如何看待落后和分歧？要不要管理？如何做好解放、唤醒、诱发的实践应用？

第六课：奥卡姆剃刀

第六日。

这几日我一直在见缝插针地设计"新形态学校 22 条文化体系"和"新形态学校 22 条课程体系"。办公室的两面墙上装了四块硕大的玻璃板，我不停地在上面写，这是我的土地，每一个字都是我种下的种子，我看着这些种子破土而出，一点点地生长，慢慢地花开了，变成无边无际的田野，接着又变成郁郁葱葱的森林。我守着这几块玻璃板，眼睛看到的是另一个世界，那里生机勃勃，每当此时，就会有一种东西在我内心激荡、升腾……

昨晚给步步高的老师们做了一场讲座，重点谈的是夫妻关系对教学关系的启示。他们学校的老师都很年轻，我说两个关系同契共参，就会鱼和熊掌兼得，做个"明师"比做个"名师"重要得多，"名师"名利双收，"明师"是身心灵三收，让自己成为一个"幸福的人"远比成为一个"有名的人"明智得多。老师们状态不错，看得出方玉英和陈铭下了不少功夫。

下午，老朋友盛国友、汪兴益、齐永甲将从安徽来看望我，他们都是极优秀的校长，我很期待。

昨日培训的反馈，用葛海林的话说是"越来越好"。这表明他们状态不错，这增强了我的信心，让我看到了希望。培训何尝不是教学相长。

今日培训首先让他们做了小结。

他们逐个进行，重点介绍"如何转化"。李艳霞反馈：小学部每天早晨先组织老师们跳舞，"点赞会""点赞台"已经上墙；全体师生人人会背诵"花开了"、苏霍姆林斯基的"好教师"，人人会讲汤普森夫人的故事；她每天坚持送"校长当日寄语"，教师坚持上课前送学生"当日寄语"；从班级到年级征集了很多"感人瞬间"，这周计划评选出"建勋人物"。葛海林反馈：初中部在落实教学培训的流程和细节，教师们比较敬业，状态不错，但仍然问题不少。我问有哪些问题，他说，学生学习积极性仍有待提高，教师的讲授还是太多。我追问，问题的根源在哪里？他想了想，回答说观念和方法。我前几天在培训时也对老师们说过"可以讲，但为何讲、讲什么、如何讲要清楚"。听了葛海林的反馈，我当即建议他今天培训结束后，组织学科组就关于讲的这三个问题进行座谈。

郭萌和李瑞反馈：正在想办法了解王平老师的家庭情况，据说"很不幸"，一了解清楚就汇报，她们怕我催促，特别强调不会太久。

听完他们的反馈，我对李艳霞和葛海林说：请把教师"一日生活"写给我，我们认真研究研究，该压缩的压缩，该减负的减负，要真正"解放教师"。

今天的培训我想先从"奥卡姆剃刀"说起。

如果说减负是外在的"解放"，那么今天的培训是想帮他们抵达内在的"自在"。之所以要专门谈这个话题，是因为我发现老师们工作压力太大，困惑较多。昨天李艳霞和我闲聊，提到小学部有位女教师正准备离婚。我告诉她，你可以"牛刀小试"，学这么久了，去试试看该如何帮助她。今天的培训我主要想教给他们如何从容、智慧地面对各种"困局"，于是我想到了"奥卡姆剃刀"，是时候把它拿出来了。

大约六百年前，英格兰有个叫奥卡姆的修士提出一个原理：如无必要，勿增实体。这个原理也叫"朴素主义"或者"吝啬原理"，即让事情保持简单，也可以称为"简单化原理"，这个原理可以追溯到亚里士多德"自然界总是选择最短的道路"这一论断。

"奥卡姆剃刀"的核心是抓住"最本质价值"，选择最简单的方式，其他都可省略。作为一种方法论，当然并不仅仅局限于某些领域，事实上，"奥卡姆剃刀"在社会各方面已得到越来越多的应用。

"奥卡姆剃刀"同时也是一种生活理念。这个原理要求我们在处理事情时，应把握事情的本质，解决最根本的问题。尤其要顺应自然，不要把事情人为地复杂化，这样才能把事情处理好。爱因斯坦说："如果你不能改变旧有的思维方式，你也就不能改变自己当前的生活状况。"当用"奥卡姆剃刀"改变个人的思维时，自己的生活将会发生改变。

有这样一个事例：

在非洲撒哈拉沙漠的最南边，有个叫萨赫尔拉的地方。那里人烟稀少，年降雨量不超过五十厘米，在那样的不毛之地想生存下去异常艰难。由于气候变迁和土地管理不善，萨赫尔拉的沙漠化现象日益严重。沙漠化导致极端性灾难频发，造成严重的饥荒。

郭尔村是当地一个只有十几户人家的小村庄。村民贫困交加，食不果腹，住的是最简易的茅草房。郭尔村对雨水异常渴望，雨水意味着还能活下去，而这样的期盼常常带给他们最大的绝望，直到一个人的出现。

这个人叫亚库巴·萨瓦多哥。他没有受过正规学校教育，然而他不仅阻止了沙漠扩张，还神奇地把沙漠变成了森林。

一开始，所有人包括首领在内，都说他疯了，批评他的做法是"破坏传统"。亚库巴不为所动，他不回击，只是默默做自己的事。其实他的想法很简单，就是想尽办法留住仅有的雨水。然而让干旱的沙漠留住雨水何其难，为此他想到了一个"点子"，他需要借助同人类一样生活在沙漠里的同盟军白蚁的力量来完成。

他把粪便和垃圾埋在白蚁窝前，粪便吸引了白蚁大军，它们在亚库巴的粪坑里挖出无数条细小管线织成的网络，而这正是他期望的——雨水被白蚁巢的管线留住而不溢出，土地因此得到滋养。白蚁窝成了天然的蓄水池。利用这些留下来的雨水，亚库巴不仅种庄稼，也种树。尽管如此，当地人仍然不看好他，他们叫他"笨蛋"。虽然被奚落，但亚库巴一直不放弃，经过四十年不懈的努力，他和野生动植物结成的联盟终于形成，他种植的树木通过鸟儿的传播，数量逐渐变多，呈现出勃勃生机，沙漠看起来像是一座森林了，郁郁葱葱，绿茵成行。森林阻止了风沙，改变了气候，更重要的是森林提升了水位，涵养了土壤，解决了当地人的温饱问题。亚库巴因此成了国家英雄，也成为受联合国表彰的对人类有重大贡献的典范，他的金点子如今已在尼日利亚和许多沙漠化国家推广。

　　亚库巴巧妙利用大自然中的微小生物，通过改变微环境，形成了微气候，挡住了风沙，留住了雨水，提升了地下水位，涵养了土壤，这正是一个"笨蛋"的逆袭之道。

　　了解大自然，抓住"最本质价值"，这就是"奥卡姆剃刀"原理的精髓和秘密。

　　哲学的基础是怀疑，文学的基础是想象，艺术的基础是创造，历史的基础是真实，科学的基础是好奇，而所有这一切都需要一个共同的基础，那就是智慧。把简单问题复杂化容易，复杂问题简单化却很难，找到关键，四两拨千斤，即中国人所谓的大道至简。

　　教育当然需要用好这把"剃刀"，前提是把握住教育的本质，锁定关键问题，解放个性，激发创造，唤醒灵性，剔除那些空洞无物的概念和烦琐无用的累赘，呈现简约美，凸显内涵美，张扬个性美。

　　讲完亚库巴的故事后，我想到了列子，他是河南人，是介于老、庄之间的一个非常神秘的人物，有人用奇人、奇事、奇文来概括他。他的思想后人了解得不多，也重视不够，作为主流文化的消解者，他对于当下的生活方式和现象，可能影响有限。然而，但凡中国人又大都读过或听过他讲的故事，如夸父逐日、愚公移山、高山流水、余音绕梁等。

　　我给他们介绍了《列子学射》的故事：

　　　　列子学射中矣，请于关尹子。尹子曰："子知子之所以中者乎？"对曰："弗知也。"关尹子曰："未可。"退而习之。三年，又以报关尹子。尹子问："子知子之所以中乎？"列子曰："知之矣。"关尹子曰："可矣，守而勿失也。非独射也，为国与身亦皆如之。故圣人不察存亡而察其所以然。"

正如关尹子所问：你知道射中靶心的原因吗？

凡事都应该如此，知其然、知其所以然，掌握了规律，明白了为什么而做，才有可能做好。

把"剃刀"和"列子"并参，应该是能有收获的。

我毫不掩饰我喜欢列子，乘兴又讲了《两小儿辩日》这个大家耳熟能详的故事。

《两小儿辩日》这个故事说明：事物的两重性带给观察者不同的角度，要找到真理，就要不停地探究。教育是什么，大抵也如"两小儿辩日"，似乎没有定论，但"太阳"就在那里照耀着我们。

昨天培训结束，我让他们针对学校管理做了检索。今天，我让他们讨论，哪些是烦琐无用的，哪些只停留在概念上，哪些有用但需要删改，哪些暂时找不到路径，哪些在根本上就是错的。

根据我的提示，他们接下来进行了分类讨论，比如关于学校文化，又细分为墙壁文化、班级文化、符号文化、课堂文化、组织文化、行为文化，还有研学文化、信念文化、家校文化、关爱文化……

他们渐渐发现，目前的学校文化过于杂芜，形式化、空洞化、虚假化、格式化严重，有些文化只起到了"补壁"之用，有些显然是落后的甚至是和学校理念相反的，因缺少统一性、系统化、整体性而无法形成合力；它不是"我的"，只是用来给外人看的，以显示"我有文化"，其实大多数学校的文化也有同样的问题。

就这样细致地检视下去，我们发现了更多的问题，比如行为文化存在着明显的悖论：一方面倡导教师自主创新，另一方面却又在环节、细节上强化控制；一方面主张基于学情、班情灵活变化，另一方面又要求统一活动、统一模式、统一标准；一方面要求他们主动放手，另一方面又督促加强监督……这些左支右绌的规定，造成了管理的混乱，抑制了师生们的积极性和创造力。

那么，如何解决？

我的建议是编制一本《建勋教育手册》。

听到要编制一本手册，他们觉得有些头大。

我耐心地告诉他们，只要用好"剃刀"原理，看似棘手的问题可能很简单。比如新生入校，设计一个月的课程，分四个周期完成，每个周期为一周，每周设定一个教育主题，如第一周为"生活周"，培养学生的习惯，第二周为"交往周"，沟通处理关系，第三周为"学习周"，培养学习素养，第四周为"评比周"，反馈评价成果。以此类推，这个学期、学年、学段计划和工作安排条分缕析、一目了然。

年级、学科、班级、个人工作计划和进程，均可以如此推演，管理者只需要看"计划表""进度表"两个表格，就能做到有章可循，有据可查。

我继续引导，引领大家处理问题抓"七寸"。

比如学校教育体系，本质上就是四大方面，我称之为"四轮驱动"——文化、机制、课堂、课程；关键点是三个词——规范、专业、特色；需要界定它们之间的关系——文化是土壤，机制是能量，课程是载体，课堂是生长（成果）。

再比如教师培训，核心包括三大板块——教学专题、教育专题、信念专题。教学专题围绕"讲服务于学""教学一体化"处理好课前、课中、课后的关系；教育专题围绕"人学"与"心学"处理好学习与生活、习惯与品德、个人与他人的关系；信念专题围绕"志"与"笑着生长"处理好外在与内在、责任与理想、当下与未来的关系。

"新形态学校"，围绕重建教育"价值"，经由重塑"心灵"，抵达重建"生命"。

"新形态学校"的核心是突出"三个有"——有趣、有责、有神。有趣，体现出教育的自然属性；有责，体现出教育的社会属性；有神，体现出教育的人文和精神属性。

……

我们还探讨了"班主任工作三要点""领导力培训三素养""毕业班教学三关键"等较为关切的问题。这可不是写论文，而是练眼力、开智慧。

他们听了我的论述，纷纷夸赞"奥卡姆剃刀"锋利，剃过了有一种很舒服的清爽感。我看时机成熟，就趁热打铁，继续请他们"清爽"：制定学生成长的"三个一"目标。

有了对教育价值的思考，有了对生命基本的认知，有了对建勋学校发展定位的理解，借鉴建勋"教师三个一"模板，这次他们轻车熟路，很快就搞定了，而且目标清晰，有层次感。

建勋"学生三个一"：

一个好习惯：低年级教育目标重在会生活。
一种好品质：中年级教育目标重在会做人。
一份好成绩：高年级教育目标重在会学习。

建勋学校的教育体系，终于初具雏形，这不是我们几个闭门造出来的，而是在这块肥沃的土壤里生长出来的，一种亲切的画面感在我眼前浮现，让我浮想联翩。

建勋教育理念：每个生命笑着生长。

建勋"教师三个一"：一张笑脸、一颗爱心、一身正气。

建勋"学生三个一"：一个好习惯、一种好品质、一份好成绩。

第六场培训到此结束。

他们走时脸上挂着笑，满脸的自豪感、成就感。尤其是葛海林，一向内向的他，竟然开朗了许多，话也多了起来。我特意留下他多聊了一会儿。他担任校长，教着两个班的语文课，还担任一个毕业班的班主任，平时早起晚睡，常常连休息日都顾不上回家，真是忙坏了，总是担心工作做不好没法给董事长夫妇交差，他说，他们把他当自己的孩子。

我说，你要学会"交托"。他若有所思。

作　业

1. "学生三个一"的路径是什么？

2. 用"剃刀"让老师们检索各班级文化。

3. 根据前几日的教学培训，继续深化、优化课堂教学流程。

第七课：交托

第七日。

昨日盛国友一行三人来建勋，聊得甚是开心，我们约好了去安徽和湖北的行程。其间，太原师院闫秋霞教授率领山西霍州文昌学校王一然董事长一行数人驱车前来。高朋满座，小酌几杯，相谈甚欢，大家对建勋学校评价很高。汪兴益校长抽空还给老师们做了场讲座。为了不影响我的课程，他们都匆匆告辞了。

昨夜睡得较晚，读《木心诗选》，如鲠在喉。得一梦，梦见"云雀叫了一整天"。

晨起犹觉昏沉，沏一壶茶，心思缥缈地等他们来。

他们来了。

王平的事终于有了确切的讯息。因为急于了解缘由，培训前的反馈环节就省略了。李瑞说起王平时，眼里含着泪花。她感慨道，真是个可怜的丫头！其实李瑞比王平还要小好几岁。王平出身农村，家里除了父母还有一个哥哥。哥哥结婚后生了个男孩，她大学毕业做了老师，这个家日子过得平稳幸福。然而不幸猝然降临，一场车祸夺走了哥哥的生命，嫂子留下孩子另嫁了人。懂事的王平，没有怨天尤人，她考虑父母年纪大了，身体不好，又没有多少经济来源，决定自己抚养侄子。一个连恋爱都没正式谈过的大姑娘，却突然当起了"妈妈"。这样独自带着侄子生活了数年，个人的事也耽误了。其间，有不少人给她介绍对象，可人家一听说她带着个孩子就先打了退堂鼓，一晃三十好几了。

平时她不舍得像其他女孩那样吃穿玩耍，对侄子的照顾格外细心。侄子很调皮，有时候和小伙伴们闹些小矛盾，回到家跟她发脾气，她总是耐心地哄他。她是学校的教学骨干，还担任着班主任，她所承受的压力较之别人要大得多，时间久了就有些吃不消。

李瑞说，她的确多次在班上为一点小事突然发脾气，比如摔杯子、当众痛哭等。事后年级主任批评了她，学校领导也找她谈了话，她也认识到了自己的过失。可是事情并没有朝着好的方向发展，王平老师慢慢变得越来越孤僻，平时和同事们交流不多，但她的确是一个对学生负责任的老师，比如班里孩子病了，她会像对待自己的侄子一样把他们领回家里照顾，又是做饭又是喂药。这次摔杯子，是因为班级成绩不理想，她很生气。

李瑞叙述完，李艳霞说这事她有责任，平时对王平老师的关心不够、理解不够、支持不够。郭萌也说自己有责任，总觉得这小妮一天到晚阴沉着脸，没想到背后竟有这样令人心酸的故事，说着眼圈还红了。葛海林说，她倒是知道王平负担不轻，脾气大，但是没把她的脾气和遭遇联系在一起想过，学校几百号老师，以后还真得尽可能关注到每一个人，要不"笑着生长"真就成了口号。

我劝他们别再自责。许多学校不都这样吗？大家平时习惯于要考试成绩，要工作表现，哪里有时间去关注教师的生活和心理状况呢？

试想，如果学校真的以人为本，岂会不把关爱师生的生活、情感和精神当成头等大事？我让他们再做一件事：统计一下每个班到底有多少留守儿童，又有多少父母离异的，多少笑不起来的。借此把"笑文化"再深入一些，教师层面，也统计一下，让每个人都变成受益者。

处理好王平的事后，我转入正题：我们昨天学了"奥卡姆剃刀"，你们觉得教育的关键点在哪里？抓住教育的生命本质，从相信教师出发来建构教育观念和体系，这不就是我们"人学"所主张的吗？正是因为远离了"人学"，我们才惯常于对教师怀疑、批评、惩罚、打击甚至除名，我们为什么要变"反思"为"点赞"？大家再想想，教师承受的压力原本就非常大了，每天一上班，还要在众目睽睽之下先经受一番劈头盖脸的批评或者羞辱，所谓的反思会不会成为压死骆驼的最后一根稻草呢？福冈正信通过"一根稻草的革命"创下神话，我们也要来一场"一种味道的革命""一个眼神的革命"。"革命"的目的是鼓舞教师，让他们倍感温暖；是欣赏教师，让他们有一种被尊重的自信；是唤醒教师，让他们有一种自我觉悟；是相信、解放、利用、发展教师，让他们改变状态，"尽情绽放、笑着生长"。

我对李艳霞说：应该检讨的不是你，而是我们的教育观念和教育价值，是我们对"人"的发现不够。体系的不同，根本上是教师、学生等地位的不同，你相信他、爱他、欣赏他、利用他、发展他，是一种教育，反之，是另一种教育。如果教育是果实，你得看到最初那颗"种子"的不同，也就是一直提醒你们要回到的"原点"。

当我说到这里时，她"哦"了一声，拍着桌子说："我明白了，真明白了。"我问她明白了什么。她说，她这才真正明白教育的区别原是其本质的不同。她真"转化"了！从此之后，她开窍了，小学部老师们都说，她变了一个人，思维和举止判若两人，连梁总都说，她的心变柔软了。

我问:"王平事件如何处置?"

李艳霞说:"就交给我吧。"

我说:"不,交托给学生!"

"交给"和"交托"有什么不同?

九年级有位叫郎敏的老师,她班里有名有暴力倾向的学生,郎敏费了好大劲才走进他心里。从此他感恩她,凡是能帮她的事他都积极主动,有同学背后直呼郎敏其名,他严厉呵责。这个故事我听后特别感动。

郎敏说,这个孩子哪点都好,就是成绩不行,真是没办法了。

我说,那你需要尝试交托。她一头雾水,说自己找他谈过无数次,毫无结果。我说,你再琢磨琢磨何谓交托。不妨这样,你一脸苦闷地去找他,向他诉苦,请他帮个忙,他一定乐于帮你。你就说压力很大,班里考试成绩不好,真是无计可施,压力大就压力大吧,自己能独自承担就独自承担吧,谁让自己是老师呢,活该!然后再对他说,要是每个学生,尤其是那些成绩差的学生每个人都多考十分八分的会如何。你委托他帮你,就得"示弱"。

几天后,郎敏告诉我,说那个本打算混到毕业的孩子,为了报答她"帮"她提高班级成绩,开始拼命了,而且还主动联合几个"差生",一起"帮"老师。

王平的事又该如何交托呢?

李艳霞特意避开王平老师,给他们班的学生开了一次班会。

她先给孩子们讲了汤普森夫人和特迪的故事,然后告诉孩子们,其实每个老师都是爱学生的,但是,老师也有种种压力,比如婆婆病了、孩子还小或者家庭变故等,难免会有情绪,每个人都需要被照顾、被关爱、被尊重、被欣赏，都需要像"花开了"那样尽情绽放、自由舒展。学校是一个大家庭，人和人相处，难免会有不理解甚至摩擦，这很正常，这也是人生的一部分，谁都向往美好，要找到美好就需要从每个人开始，多看他人的优点长处。换一种"祖父的眼神"，你眼里的他人和世界就是可爱的、美好的。

孩子们听懂了校长这番话。

接着她单刀直入，说："你们班主任是不是冲大家发脾气了？作为校长我向你们道歉：孩子们，对不起！现在，我们能不能暂时先放下发脾气这件事，找一找她身上的优点，比如……"

她就这样领着孩子们一起找班主任的优点，然后一条条地写在黑板上：补裤子；钉扣子；晒被子；发烧时去老师家里，老师给煮鸡蛋、喂药、量体温；下雨时老师给撑伞；老师给好多女生洗头、梳头、扎辫子；老师带着全班同学去树林里上课；老师送生日礼物；老师给自己一本书；老师给妈妈打电话表扬学习进步了；脚崴了，老师扶着进教室；老师总希望班级争第一……

黑板渐渐写满时，教室里有了嘤嘤的哭声。

李艳霞也流泪了，她突然觉得心有些疼。

李艳霞说："孩子们，老师前几天摔杯子，是她心情不好，你们能原谅老师吗？"孩子们含着泪纷纷点头。

李艳霞又说："孩子们，老师也需要帮助，你们愿意帮助老师吗？"孩子们连连点头。

孩子们是如何帮助王平老师的呢？

李艳霞说，孩子们真是煞费苦心，太了不起了！

孩子们是这样做的——

经校长同意，他们从学校花园里每人采了一朵花，编了一个漂亮的花环，然后在纸条上写了一段话："老师，如果您生气了，就熊我们吧，咱班是一个家。"落款是"我们是爱您的一群不听话的孩子"。

王平看了孩子们的礼物和纸条，泣不成声。

她把这个花环特意挂在床头上。

花干了，可纸条上的字不会干枯。

再回到培训，我们围绕"交托"开始研究。其间，我给他们介绍了经典时间管理案例《时间管理：谁背上了猴子？》，作者用比喻巧妙清晰地分析了作为一名职业经理人如何避免成为下属的支配者以及如何高效地进行时间管理的秘诀。作者说，每个人背上都有一只属于自己的"猴子"，然而我们总是习惯于替别人背猴子，这样自己身上的猴子越来越多，自然苦不堪言了。

作者举例说：

　　主管都曾遇到这样的状况，早上进入办公室，你的员工就开始络绎不绝地来到你的面前寻求帮助："我在和客户交流或者项目执行过程中遇到了问题，请问我该怎么办？"你会细心地听取下属的描述，然后记录在案，之后会不假思索地答复："我考虑一下，之后再给你回复。"此时你的简单一句答复可能就把下属背上的"猴子"转移到了你自己的背上，随着问题的积累，你会慢慢地感觉不堪重负以及处理问题力不从心。

　　一个优秀的主管会如何做？当下属前来向你请示时，你要保持高度警惕，千万不要让对方的"猴子"爬到你背上，你要这样回答："你觉得这事该如何？"对方只能回去再做考虑，等他拿来方案等你审阅时，你仍然要小心防备对方的"猴子"又跃跃欲试想要爬过来，你要坚决地说，"还有别的方案吗？"对方只能再次回去准备新的方案。等他拿着新的方案来汇报时，你要说，"你觉得如何？"假如他回答"很好"，那就应该说，"既然很好，就去做吧"；如果对方说还不满意，那你就说，"继续回去准备，直至自己觉得满意为止"。

这只"猴子"引起了他们极大的兴致。

既然如此，那就借"猴子"来推演一下自己的工作吧，大家七嘴八舌，甚是热闹。我长吁一口气，顿觉背上骤然轻松许多，满地都是被抖落的"猴子"。

作 业

1. 把学校交托给教师，尝试"去管理"，告诉我有哪些工作不能交托。
2. 把课堂交托给孩子，尝试"去教学"，研究哪个环节不能交托。
3. 继续检索学校文化，尝试"去文化"，研究哪些文化是符合"人学"理念的。
4. 探讨"猴子理论"背后的理念依据是什么。

第八课：去控制

第八日。

昨晚老朋友长垣一中的蔡瑞昌校长来访。

深夜畅聊。蔡校长讲起他从一个不领工资的农民报道员一路走来的历程。他说如今年龄大了，工作非常辛苦，身体吃不消，每天都在疼痛中咬牙坚持，可依然保持乐观积极。在他的办公桌上放着一尊伟人像，每当遇到棘手的事，他总爱打趣地问：老人家，您怎么看？自己就先忍不住笑了，所有的烦恼、不开心烟消云散，他是个智者。

我说，我想学你，可桌子上只有茶壶一把。我们相视一笑，眼眶热热的。

今早冲泡小青柑一壶，色如琥珀，细品，有老友般的味道。

四个人翩然而至。

先是情况反馈：一系列的"去"，"去课堂""去管理""去文化""去课程""去评价"。只给老师们提了个概念，他们就蒙了，吓得没敢再说下去。

我说这很正常，跨度太大了，目的就是引发大家思考。

我问他们自己是否理解透了，他们答说不清，但知道是对的。

我点名李艳霞谈谈感受。她说：我的理解就是去除"非教育"的东西，尤其是去除对人的种种控制，解放心灵，让我们的教育回到"人学"上，去帮助生命成长发展，笑着生长。

为她点赞！

同时通过"交托"实验，大家有了比较深的认识，认为交托的确是很高的智慧，但感觉实践起来并不轻松。葛海林说，关键是"示弱"难，不是"放手"不够，而是"放脸"不够，面子放不下；再者对学生作为教育重要资源的认识还不深刻，还不能深刻领悟"人学"的核心理念，"相信、解放、利用、发展"说起来容易，做起来很难。

"猴子理论"大家都比较能接受，觉得形象有趣，一说就懂了。但大家有个疑问，如果都往学生身上交托，学生怎么办，岂不是满背都是"猴子"？我让他们思考是不是存在认识问题。

上午的培训是从卢梭开始的。我先让他们读卢梭的《爱弥儿》：

出自造物主之手的东西，都是好的，而一到了人的手里，就全坏了。他要强使一种土地滋生另一种土地上的东西，强使一种树木结出另一种树木的果实；他将气候、风雨、季节搞得混乱不清；他残害他的狗、他的马和他的奴仆；他扰乱一切，毁坏一切东西的本来面目；他喜爱丑陋和奇形怪状的东西；他不愿意事物天然的那个样子，甚至对人也是如此，必须把人像花园中的树木那样，照着他喜爱的样子弄得歪歪扭扭。

这段话常被引用，却又常常被人误解。试问：自然教育是放任自流吗？放任自流能称之为教育吗？如同常常把随心所欲理解成"自由"，我们也可能误以为像放羊一样把孩子带入大自然就是自然教育。自然教育当然应该把孩子带入大自然，如果仅仅是这样，那么住在远离自然的大都市里，是否就有了拒绝自然教育的借口？同理，难道那些从小不读书的贫困山区孩子，每天经受的都是自然教育？这显然不成立，自然教育的核心指向于自然的人文心理环境。我赞成自然教育，是因为我们实在找不出一个更好的词汇来区分时下教育和理想教育的截然不同。

自然教育在相对意义上，最鲜明的特点就是"去教育"。

我们主张的"去教育"不是把羊群从羊圈带入草地，这只是教育外在形式的改变，如同把应试教育搬到网络，无非是换个名堂而已。老师们说儿童喜欢上网，那按理说他们应该喜欢网课才对，可事实并非如此。假如只是换个场地、换种方式控制儿童，那他们也会恨上网络。网络无罪，罪在网游有趣，网课无趣，这让那些教育专家和网课设计师们很没面子。家长们不明真相，于是把愤怒撒向儿童，却不知孩子不喜欢学习原本不怨孩子。教室里的学习是失败的，搬到网上是失败的，搬到田野和森林里，也未必会成功。要改变的不是羊圈或者草地，而是寻求另一片教育"云彩"。《西游记》中孙猴子动不动就踏云而去，如果我们也想让儿童飞起来，就得把脚下的"尘埃"换成"云朵"，说"去"是在强调"非教育"的危害性，是在重视"教育云朵"的寻求和观念的重建。

自然教育的根本在于变"控制"为"诱发"。"控制"是居高临下，"我要你如何"，甚至为了完成这种目标，我们常采用某种手段，以某些条件与孩子交易，比如如果你怎样我将给予某种形式的奖励——买新衣服、买玩具、吃好吃的、出去玩等。"控制教育"的功利性，不仅体现在对儿童培养目的的预设上，而且会带给孩子同样的功利性思维和功利性观念，甚至教会儿童如何察言观色去迎合，久而久之他就会成为丧失原则自私自利的人，所谓培养儿童适应社会其实是在培养儿童迎合。

"诱发"不是这样，它首先是一种民主的协商。它常以这样的句式出现："是否还可以这样？"并帮助儿童分析"这样"的结果，从而鼓励儿童在"那样"和"这样"间自主选择。许多父母天然地以为教育是一种陪伴，的确是这样，但仅仅基于情感陪伴是不够的。儿童的精神成长仍然依赖"诱发"，我们需要引领他在"体验"中建立与自然万物的连接，从而"经验"到自己是自然的一部分，是众生的一部分。这种"经验"就成了一种成长的体悟，此后带着这种"经验"再去投入生活，会变成一个从容智慧的人。教育就是在这里发生的。它不是"控制"而是"诱发"，因此对教育者会提出更高的要求，要思考该如何引领他，用什么情感、态度、方式方法去引领他。

如果不重视卢梭接下来的这段话，那么对他的自然教育的理解是断章取义的。他对儿童成长的担心显然不是多余的，因而他不排斥教育，这才是自然教育的精髓。他说：

> 不这样做，事情可能更糟糕一些；我们人类不愿意受不完善的教养。在今后的情况下，一个生来就没有别人教养的人，他也许简直就不成样子。偏见、权威、需要、先例以及压在我们身上的一切社会制度都将扼杀他的天性，而不会给它添加什么东西。
>
> 他的天性将像一株偶然生长在大路上的树苗，被行人碰来撞去，东弯西扭，不久就死了。
>
> 我恳求你，慈爱而有先见之明的母亲，是因为你善于避开这

条大路，而保护这株正在成长的幼苗，使它不受人类的各种舆论的冲击！

你要培育这棵幼树，给它浇浇水，使它不至于死亡；它的果实将有一天会使你感到喜悦。趁早给你的孩子的灵魂周围筑起一道围墙，别人可以画出这道围墙的范围，但是你应当给它安上栅栏。

我们栽培草木，使它长成一定的样子，我们教育人，使他具有一定的才能。

如果一个人生来就又高大又强壮，他的身材和气力，在他没有学会如何使用它们以前，对他是没有用处的；它们可能对他还有所不利，因为它们将使别人想不到要帮助这个人；于是，他孤孤单单的，还没有明白他需要些什么以前，就悲惨地死了。

我们怜悯婴儿的处境，然而我们还不了解，如果人不是从做婴儿开始的话，人类也许已经灭亡了。

再次提醒：卢梭的自然教育有着强烈的"教育干预"成分，他说"植物由栽培而生，人由教育而成为人"，说"教育干预"又难免会被人误解，反复斟酌，相对来说用"诱发"较为妥当。比较几个划时代的教育人物的用词：洛克用"诱导"，他建议"不要当成任务去强加"；杜威常用"引领"，他说就像"导游带着游客游览名胜"。总之，他们不约而同地反对强制干预。但作为一般意义上的"干预"，将之理解为"影响"即可，这是我深思熟虑后的答案，毕竟教育让人投鼠忌器，差之毫厘谬以千里，而且不辨析清楚何为"干预"，下文也进行不下去了。

卢梭说，人只分为两类，有思想的和没思想的，而区别"归因于教育"。卢梭强调教育目标是培养自然人，自然人才是真正的人，真正的人不是原始社会的"野蛮人"，而是身心"和谐的人"。

卢梭强烈反对"把天真善良的儿童培养成高踞于人民头上的朝臣权贵和依附于这些人的法官、律师、骑士等专业人士，这毁坏了人生而平等自由的善良天性，也使那些锦衣美食、富有权势的人，一旦面对变局就会丧失良心"。从中可以看到，卢梭总是带有喜欢抨击社会和政治制度的个性。我们可以通过他的作品去寻找答案，代表作有《爱弥儿》《论人类不平等的起源和基础》《社会契约论》等。阅读《忏悔录》《一个孤独的散步者的梦想》就能了解他传奇、真实、不幸的人生历程。卢梭一生教人如何教育孩子，却把自己的五个孩子送进育婴堂抚养；他只活了六十六岁，究竟死于何因，是精神病还是中风抑或膀胱病，至今是谜，但这并不妨碍其思想先驱者的地位和他对人类教育的巨大贡献。他一生愤世嫉俗，生活颠沛流离，同时又饱受抑郁症的折磨，正是因为吃尽了太多的苦头，才痛彻心扉地大喊：教育的首要任务是"教人做人"，不是做文官、武官、僧侣，而首先是"人"！他的墓碑上刻着他自撰的墓志铭："睡在这里的是一个爱自然和真理的人。"

卢梭强调自然人是一个身心和谐的人。那么，何谓身心和谐的人？

体魄健康、心智发达、道德高尚、处事干练，这样的人可完全适应发展变化的客观环境，不固守自己特定的地位、阶级和职业，他不可能是寄生虫和邪恶的暴君，而会成为一个消除传统偏见、自食其力的人。

一言以蔽之："他做事像个农民，而思考像个思想家。"

所以，卢梭的自然教育的核心是按照身心特点、顺应自然规律来培养人，尤其注重天性。他的"天性说"，曾遭到某些极端唯物论者的攻击。然而他们不知，卢梭所说的"天性"是强调重视人的生理、心理，激发兴趣和需求，发挥人的积极性和主动性，促进心灵的和谐成长。卢梭是"革命"的。

"去教育"也是"革命"的，两者异曲同工，只是表述不同。借题说卢梭，是为了力避"去"系列的字面误解。"革命"只是手段，接引一种生命的重生才是目的，而支撑教育重生的是以爱为灵魂的相信、解放、利用、发展，唯有这样才能创造奇迹。近二十年，中国基础教育涌现出杜郎口和圣陶学校这样的奇迹，它们对保守的教育观念无疑是一场洗礼，然而我们至今仍然因为本能的排斥而错失推动教育改革的良机。从变革的价值上看圣陶，它颠覆了原有对教育的全部认知：教师还需要分科目上课吗？还需要课程计划、课程表吗？知识学习可以不连贯吗？学生可以跳级吗？为什么他们说所有的儿童都是天才？如何让小学生学会高中题？为什么他们的孩子都爱学习？

我们关注圣陶，并由此来审视当下的教育问题，就会发现，"去"有可能是另外一种较为有前途的选择，不去就不来。不是说圣陶有多大胆，而是人家不光看到了问题的根源，也找到了解决问题的方法。

圣陶去了课本，去了课程计划，去了学科教师，去了课时，去了班级，去了课堂，去了教学评价，去了年级界限……

我们还在固守人家丢弃不要的东西，因此我们才处处受制。我们讲卢梭，是在理念上做一些准备，免得有人又会以洞穴之见反问是否符合教育规律。卢梭的自然教育是不是一种"去"，木村的教育是不是一种"去"，福冈正信的自然农法是不是一种"去"，杜郎口和圣陶是不是教学的"去"？他们究竟"去"了什么？

我们的文化创建是不是也是一种"去"，该"去"的地方有很多，为什么要先"去控制"?

想想这些天的培训,如果不抛弃控制,岂能有点赞、欣赏、祖父的眼神、妈妈的味道、笑着生长?岂能把课堂、学习、生活、成长还给学生?岂能让学校焕发出生命的活力?岂能有交托、相信、解放、利用、发展?岂能有生命的绽放、尽情地成长?我们提出文化重建,就是要营建一个好的机制、生态,唤醒每个人内心的巨人,去发现和认识自己,成为自己所期望的样子。建勋学校的教育文化重建,旨在重塑一种新学校教育形态和师生的生命状态,摒弃那些人为的思想钳制,这也是"人学"的根基。我们前面学过了"种子的信仰""花开了""挖一方池塘",也学过了柏拉图洞穴、斯坦福监狱实验、哈洛的恒河猴实验等几个著名心理学实验,这些实验又告诉了我们,究竟要"打破"什么、"重建"什么。

没有心情,没有思想,没有感觉,觉察不到自己的存在,哪里会有教育?

人生的目的无非"爱人类,使一切人达到幸福的境地"。

我们要深刻认识到:被控制的人生是不幸的。

"去控制"是"人学"核心理念的根本体现。"人学"反复强调的是:相信教师、解放教师、利用教师、发展教师;相信学生、解放学生、利用学生、发展学生。

相信又是"人学"的基础。

相信是教育的根本,解放是教育的使命,利用是教育的智慧,发展是教育的价值。

没有相信就没有教育,这是"人学"牢固的基石,也是"新形态学校"一切教育发生的第一需要。相信是因,相信是果;相信是爱,相信是欣赏,相信是交托;相信是课改,相信是教育;相信是效益,相信是效率；相信是善良，相信是道德，相信是境界，相信是智慧；相信是管理，相信是文化，相信是宗教……

没有相信就不会衍生出"放手"和"还给"，放手、还给就是"去控制"，它依赖于相信。

巴金有句名言：他明知道那青年在哭，但他不相信这会是那青年的哭声。

我们可以借巴老的句式，看清楚许多匪夷所思的现象：他明明知道孩子很苦，却不相信他真的很苦；他明明知道这样做不对，却不相信这样做不对；他明明知道课堂要改，却不相信课堂要改；他明明知道应试教育是在祸国殃民，却不相信是在祸国殃民；他明明知道杜郎口的价值，却不相信杜郎口的价值……

相信，就是重建教育的心理机制，相信"相信"。圣人云，至诚之道，可以前知。

最后，我给他们介绍了斯德哥尔摩综合征，帮助他们理解现实生活中，为什么有些人会拒绝变革，拒绝改变，甚至会留恋"被控制"的生活。

1973 年 8 月 23 日，两名有前科的罪犯 Jan Erik Olsson 与 Clark Olofsson，在意图抢劫瑞典首都斯德哥尔摩市内最大的一家银行失败后，挟持了四位银行职员。警方与歹徒僵持了 130 个小时，最终歹徒放弃束手就擒。然而这四名遭受挟持的银行职员，对绑架他们的人显露出怜悯的情感，他们拒绝指控这些绑匪，甚至还为他们筹措法律辩护的资金。他们都表明并不痛恨歹徒，并表达他们对歹徒非但没有伤害他们却对他们照顾的感激，还对警察采取敌对态度。更甚者，人质中一名女职员 Christian

竟然还爱上了劫匪 Olofsson，并在他服刑期间与其订婚。这两名抢匪劫持人质达六天之久，在这期间他们威胁受俘者的性命，但有时也表现出仁慈的一面。在出人意料的心理错综转变下，这四名人质抗拒政府营救他们的努力。

斯德哥尔摩综合征告诉我们：屈服于暴虐和崇拜强者，扭曲的心灵会因此上瘾。

原因在于，人性能承受的恐惧有一条脆弱的底线。当人遇上一个凶狂的杀手，杀手不讲理，随时要取其性命，人质就会把生命权渐渐付托给这个暴徒。时间久了，人质每吃一口饭、喝一口水，甚至每次呼吸，他都会觉得是暴徒对他的宽忍和慈悲。他对于绑架自己的暴徒的恐惧，会先转化为对暴徒的感激，然后变为一种崇拜，最后人质会下意识地以为暴徒的安全，就是自己的安全。

研究者发现这种症候群见诸各种不同的经验中，从集中营的囚犯、战俘到受虐妇女与乱伦的受害者等，都可能罹患斯德哥尔摩综合征。许多长期处在应试教育压榨下的师生也会有这种反应。这个实验有助于我们准确地认识教育现象，并掌握以自然教育来破解问题的法要，充分认识到"控制教育"带给人的心灵创伤和精神影响，认识到一切的成长必须始自激发唤醒，放手营造一个爱的环境，引领成长者去体验、经验，相信每一个生命都向上生长，从而成为身心和谐的"自然人"。

作　业

1. 背诵《爱弥儿》中的一段话。

2. 理解斯德哥尔摩综合征，并结合"人学"来理解"去管理"，探索如何构建学校发展生态和机制。

3. 建议学校按年级组织一次教育发展论坛，交托给教师们，不要干预，可以建议。

4. 以实验的逆向思维来思考，如何让人对"笑着生长"上瘾？

5. 设计"新形态家长会"。

第九课：奇人奇谈

第九日。

昨天培训结束后，梁总问我，这"去字诀"准备何时念？

我说，水到渠成时，先去了他们头脑里的观念再说。晚间组织看《奇迹的苹果》电影和罗伯特山洞实验有关的资料，我和梁总分别做了点评。

上午培训前的反馈：四个人的执行力不错，并有不少创新点，学校生活呈现出新气象，级部会和学科会有了根本性改观，他们主要研究了需要在哪些方面"去控制"。

另一方面，培训密度过大，作业较多，导致落实情况一般。而且对于培训，感觉似乎是清晰了，却串不起来，形不成整体性认知，一遇到事，第一反应还是凭过去的经验思考，有些底气不足，不太敢做。

我和梁总商议，光这样关门培训不行，陶行知先生说教、学、做合一，三者缺一不可。于是果断决定：暂停培训，带着班子成员和部分中层去圣陶学校访学。

　　传说中的圣陶是这样的：不用课本，没有老师；一年级孩子会做初三的题，小学毕业前学完初中课程；曾退学两年的小孩来圣陶后连跳七级，甚至连智商低的孩子都能成为学习天才；越不会教的越是好老师……

　　当传说呈现在眼前时，大家深受触动。

　　第一天在圣陶看课，晚间请王天民校长跟大家座谈。八十岁的王校长一上台就把大家逗乐了。他说："我也是个颜值很高的人。"他故意停顿了下说，"我是'精神颜值'高。"他接着说，"马云有一句经典的话，'男人的长相和智商成反比'。"然后再稍停顿，改口说，"女孩子除外，尤其是建勋学校的女孩子除外。"他咧着大嘴，眯着眼，陪大家一起笑。他笑得很慈祥，像一尊弥勒佛。

　　他突然做了一个京剧武生出场的动作，嘴里还敲着锣鼓——锵锵锵锵，锵锵，锵，手一举，眼一瞪，定格了。

　　然后他说，这就是气场。

　　又是一阵大笑。

　　他开讲了——

　　他先引用了德国于尔克·舒比格《当世界年纪还小的时候》里的几句话：

　　　　当世界年纪还小的时候，

　　　　洋葱、萝卜和西红柿，

　　　　不相信世界上有南瓜这种东西。

　　　　它们认为那是一种空想。

　　　　南瓜不说话，默默地成长着。

我知道，老人是借这几句诗在暗示什么。

读懂圣陶的人真不多，前行者是孤独的。

"讲是万恶之源，有了互联网，再讲知识就是无知；讲是不让猫捉耗子，今天的教师要记住：绝对不做知识贩子。

"有人说圣陶幼儿园小学化，可并没说不让高中化。

"语文还需要教吗？记住四个词：一目十行，过目不忘，出口成章，下笔成文。秘诀是坚持"五个一"。一诗，每天作一首诗；一谜，每天解一道谜语；一联，每天出一副对联；一成语，每天记住并使用一句成语；一经典，每天阅读记录经典故事。语文的核心就是生活，目标就是做人。

"数理化是语文，叫'科技说明文'。

"教学的秘密在记忆、模仿。千万不要让学生理解，千万不要提创新。学习就是记忆、模仿。什么都不会，怎样理解？记忆是理解的基础，模仿是创新的前提。

"现在的教材，题多规律少，害人不浅。

"你问我符合'规律'吗？我反问你，规律是谁总结的？哥白尼那时的'道'是今天的'错'，教育独立在生产力之外，科学是衡量不了'道'的，我讲的是道，圣陶的秘密是'传道育人'，是以道为本，道术结合，以道驭术，以术验道。"

老爷子侃侃而谈，大家听得如痴如醉。

那一晚，圣陶流光溢彩，灯火辉煌。

自圣陶返校之后，我特意组织了一次"解构专场"。因为崔校长的关系，大家对杜郎口较熟悉，就先从解读杜郎口开始。

解读杜郎口，必先解读崔其升，因为一个好校长就是一所好学校，一个校长的人格决定了一所学校的"校格"。

崔其升是什么样的人？

我讲了许多关于崔其升的"传奇"。比如小时候扎猛子屏气数十个数、下象棋错了就在大腿上扭一把；比如当教师时不用课本，一辈子不用电话号码本；比如当校长时重拳治乱被人沿路贴大字报；比如课改初期的"一句不讲'0＋45'模式"；比如自己动手电气焊，自己发明配方蒸馒头，定期检查教师家庭卫生；比如提出"一事不优不做二事""精益求精谋发展，入木三分找差距"的口号；比如做错事打自己嘴巴，与街痞打架治校风。我还讲了杜郎口团队的张代英、宋斌等人，说杜郎口人用禀赋特质铸就了杜郎口。

崔其升身上体现出的是典型的儒家型人格，明知不可为而为之，他身上有孔子、曾国藩、范仲淹的影子，透露着精进、向上，体现着忧患、担当。

杜郎口教师是什么人？他们身上都有崔其升的影子。

所谓"衣钵传人"，其实就是一种文化的延续和精神的传承。

接下来，我讲了杜郎口课堂的基本流程与内在的教学关系和师生关系。

与新中国成立后的历次教育改革相比，杜郎口的课改显然是划时代的，它高扬"学中心"的大旗，书写了"生中心"的传奇，重写了教学关系和师生关系，重建了"以人为本"的"教育学"，开创了教育体系的新篇章。

如果我们不能看到这个价值，只把目光停留在课堂模式上，一叶障目，将导致对杜郎口改革价值的认识不足。找到杜郎口的内生动力公式，即杜郎口的DNA，是足以破解中国教育改革困局的。

杜郎口的秘密是：反思＋改变＝成长。反思是起点，改变是行动，成长是结果。

这些年我跟踪了许多学杜郎口的学校，发现成在公式，败在模式，关键在反思，假如存在假反思现象，就会一假俱假。学校管理、课堂教学均始自反思，也成于反思。实际上，反思本质上是很难通过施加外力完成的，好比逼迫学生学习一样，很容易让人逆反；反思是一种成熟的心智活动，能做到行有不得、反求诸己就属于圣人圣行了。但反思仍具有现实意义，关键取决于学校文化土壤是不是适合它的生长，揠苗助长和金玉其外一样是自欺行为。朱子说，"欺人亦是自欺，此又是自欺之甚者"。所以，反思重在对生命的唤醒，而不在强制与惩戒，学校管理者当反思。

再说圣陶。

我们随行的人都很震撼，觉得眼界大开，但有没有醍醐灌顶感？

圣陶是"反常规教育"。

一如学习当年的杜郎口，许多人看到的也只是圣陶的课堂，脑袋里想的是它是否符合教育规律，或者是否适合自己，这就阻碍了多数人向纵深处思考圣陶改革的意义。要看透圣陶，至少我们得对"道"略知一二，否则就听不懂老先生的话，当然也看不懂做不到，即使口口声声说学了圣陶，结对子、搞联谊甚至拜老爷子为师，终不得要旨而相背而行。

老先生讲的是以道为本，道术结合，以道驭术，以术验道，总称"以道育人"。道是什么？原本就不可说，言语道断嘛，因为一句不可说，就落下玄学的指责。但有心人是可以通过下位的"术"来体悟形而上的"道"的。

"一句不讲，全班都会"，是在说讲是学习的天敌，会讲不算本事，不讲才是功夫，尤其是不讲能让学生会。其实所有的"会"都是学会的。

他还说"越会教的越不会教，越不会教的越会教"，这里的"教"和"讲"不完全相同。在"教"的理念下才会有"讲"的方式，笃信"不教而教"就会有"不讲"的选择。

"教师一句话，学生三日功、一年功、十年功。"把"功"落在"工"上的大有人在，"不讲"不是"不讲话"，要是不讲哪来的"一句话"？"讲道不讲术"是老爷子反复提醒的。"功"从哪里来？通过不断习练，从中发现方法、规律，去印证"道之所在"。"三流教师教知识，二流教师教方法，一流教师教状态。"时下大多数人的教学在哪个层次上？状态也能教吗，又如何教？

老爷子上课擅长使用"障眼法"，实际上就是在"教状态"。

他又说了，"以教师的状态激发学生的状态，以教师的激情点燃学生的激情，以教师的智慧启迪学生的智慧"，这才是当教师的秘密。

圣陶自学三大法宝：单科独进、开卷练闭卷考、小组学习。单科独进要和"无教材、无笔记、无作业"结合起来思考，"教材是绊脚石，教辅是迷魂阵"，不敢脱离教材教辅，就实现不了"三无"。敢不敢不在于胆量，而在于"功夫"，单科独进的背后隐含着很多东西，它需要很多条件在前端训练、中端支撑、后端完善。小组学习我们都熟悉，知道小组不仅是一个学习组织，更是生活组织、文化组织、精神组织，是一眼源头活水。这是有层次的，文化组织决定了小组"之用"，有些小组名存实亡，根本问题就在"文化"上，没有文化就会动力不足。开卷练闭卷考，是一种心理学意义上的教学策略，意在聚焦学习目标，它解决了一个"定向"问题，否则就变成了盲人瞎马。

说到这里，我联想到魏书生的"六步教学"。研究"六步教学"，眼睛不要只盯着步骤。魏书生成名于 20 世纪 80 年代，那个时候，魏书生常外出讲学，没人给学生上课，他不在时连"六步教学"也没了，只剩下了"自学"。多年前，我在写作《高效课堂的理论与实践》一书时，畅想未来的课堂只有一个环节——自学，据此提出"无师课堂"，并积极在昆山前景集团的几所学校试验。提"无师课堂"，大家不好接受，但说加大自学，似乎就合情合理了。为什么？还是基于对课堂的一种旧情感、旧观念。试想，无限放大自学不就是"无师课堂"吗？"无师课堂"是"自学"的相似表述。如此，"无师课堂"的教室就是"自学室"。圣陶的教室就是"自学室"，这与早年昆山前景集团的一样。我们不应该感到意外，那些大学图书馆、阅览室，大街上的网吧，哪一个有"老师"在教？不都是在"自学"吗？自然万物的生长，基本上是在"无师课堂"，这需要我们思索。

我们再回到魏书生的"六步教学"。

"六步教学"包含定向、自学、讨论、答疑、自测、自结六个步骤。

"定向"就是老师和学生一起提出新课的重点、难点。然后学生通过"自学"解决重点、难点问题。自己不能独立解决的问题，力求通过"讨论"找到答案。如果仍不能解决或者存在分歧，便再请老师"答疑"。问题解决后，学生自己出题或相互出题进行"自测"，检验学习情况。

其目的是让学生站在老师的角度，来把握重点、难点和知识点，从而加深对所学内容的理解和巩固，同时也培养了学生的自学能力。

魏书生这套教学法是以信息论为理论基础创立的，其结构主体是建立信息、处理信息、反馈信息。在教学实践中，他还根据文章本身的特点和学生理解课文的程度灵活调整。例如：易懂的文章以学生"自学"解决问题为主，"讨论""答疑"为辅。如果"自测"效果较好，就略去"自结"环节。这套教学法，加强了老师与学生之间的互动，激发了学生的学习兴趣。

魏书生每年都要奔赴各地讲学、开会、交流、介绍经验。很多人担心他长期不在学校上课，学生们怎么办？魏书生却很放心。因为，他已经教给学生一个法宝，就是自学。培养学生的自学能力，就是交给学生一把探究世界的金钥匙。他说："一个教师最重要的不是教给学生眼前的知识，而是培养学生有利于未来，有利于人类的个性。如果学生把探求科学当成了自己最大的乐趣，最大的幸福，最大的利益，还有什么能阻挡住他们学习的步伐呢？"通过"六步教学"，学生的自学能力得到了极大锻炼。魏书生介绍自己的教学经验时，也不断强调"凡是学生能做的事，我不做"。在其他学校上公开课时他告诉学生："别总把自己当学生，要换一换位置，把自己当成老师和学者"，"就像你在给学生讲课一样"。这样的课堂，让学生充满了新奇，并激发了学生的探索欲和创造力。

请大家注意魏老师的表述。

数年前，我和魏老师在一个培训班上相遇，我向他请教"六步教学"。他说，教学实在没什么秘密，如果一定要说有秘密，那就是"相信学生、发动学习"。我们还就"法"与"模式"进行了简单的讨论。魏老师说，用模式就框定了，但没有模式就没有抓手，这是个两难问题。他说自己是支持模式的，现在教育的关键其实不在于应该选择什么样的"法"与"模式"，而在于忽视了"育"的内容、地位、价值。

我对魏老师是打心眼里敬仰，多年前魏老师就提出"松、静、匀、乐"，就向着心灵探索了，注重营建机制文化和心灵场域，改善生命状态，他在当代中国教育界是第一个实践者，很了不起。

在魏书生看来，如果学生学习到顾不得锻炼、唱歌的程度，也就到了山穷水尽的地步。对此他有一个形象的比喻，"如果说学习各科知识给学生成长提供了'基本营养'，如蛋白质、脂肪、碳水化合物一样，那么唱歌、画画、旅游等就是像钾、碘、钙那样的'微量元素'，对人的成长来说，它们同样是不可缺少的。"

他告诉学生："该玩就玩，该唱就唱，生动活泼，才能提高学习效率。"平时他会指导学生画画，曾经有一段时间，学生画画成风。他还组织学生在学校附近种植大豆、玉米、向日葵等农作物，让学生通过劳动与大自然亲密接触，体会土地、空气、水、植物、动物给人带来的美好。回顾自己的教学经历，魏书生说："曾经有人认为，我的语文教学不像语文教学的样子，而是思想教育，是班主任工作。但我越往语文教学的深处探索就越感觉到：人脑这部机器应该分两部分，动力部分和工作部分。两者不能相互取代，学习的动力不能代替学习的实践；反过来，学习的实践也不能代替学习的动力。回忆自己走过的语文教改之路，我感觉最满意的一点，就是始终把育人放在第一位。我教语文极为轻松，根本原因在于育人，在于引导学生成为语文学习的主人。"

继续说圣陶，讲魏书生是想说英雄所见略同。凡是追寻教育真谛的人，大致都会回到一个终点上来，在儿童心理机制上下功夫，不是他们商量好的，而是基于对人类社会、对文化文明、对生命生活的深刻洞察和深邃理解，由此才有了对教育本质意义的把握。

圣陶也有一个公式：自信心＋成就感＝圣陶奇迹。还记得我介绍的老爷子空拳诳小孩的"把戏"吗？玩把戏是要实现什么效果？

王占伟曾经讲过一个他在圣陶发现的"弱智变天才"的故事：

在圣陶，有这样一个叫灿灿的孩子：从一年级入学到上二年级，几乎从不进教室，并且特别喜欢玩水，只要见到小水坑，就往里跳，所以无论冬夏，他的鞋袜、裤脚总是湿的。他对饥饱不敏感，一次去姥姥家走亲戚，一口气吃了 20 根火腿肠，喝了 10 盒牛奶，回到学校就拉起了肚子。

上二年级时，灿灿仅掌握了 10 以内的加减法。一次，外地来的一位教师借灿灿所在的班级上超常课，学习幂的运算。当这位教师准备提问灿灿时，全班学生都笑了："老师，别提问他，他啥也不会。"

这时，王天民走到灿灿身边，用充满爱和相信的眼光看着灿灿，指着"$a^2 \cdot a^3 = a^5$"启发他认真思考："这里的 2 和 3 是怎样变成 5 的？""加！"灿灿略加迟疑地说。

此刻，王天民激动地将灿灿抱了起来，请全班学生为灿灿热烈鼓掌。"谁说咱不会？你小学二年级能做初中数学题，你不是天才是什么！"那一刻，灿灿的眼里有了光。

紧接着，王天民给灿灿连续出了 10 道幂的运算题，灿灿做对了 8 道，外来的学习者和同学们又一次给灿灿热烈鼓掌。从此，上课时间的校园里再也找不到灿灿闲逛的身影了。

听了这个真实的故事，记者特意去灿灿所在的班级调查。还没走到教室，就听到动听的葫芦丝演奏声。正在台上指挥的就是灿灿。只见讲台上，一个小男孩正在自然而和谐地打着拍子，指挥着全班学生演奏葫芦丝。

王天民老校长说过这样的话，对潜能生先要"精神扶贫"。

他的策略是先从语文开始突破：借一只鸟让孩子们展开想象，一只漂亮的鸟，一只会唱歌的鸟……先让孩子们学会扩句。在此基础上养成一个好习惯：无论看到、听到什么有趣的，就随手记在日记中。

在圣陶，差生是宝。老爷子说，"越是差生越是调皮，一旦进入正道，比听话的孩子更优秀。"

这就是圣陶，什么时候我们学会了这样对待孩子，也就成了圣陶。

无须把杜郎口和圣陶放一起一较高低，它们之间没有什么不同，在教育界，只有与它们的不同！

第十课：夫妻关系

第十场。

从圣陶回来之后，老师们的热情高涨，董事长想邀请王天民校长来建勋上堂公开课，事情就这么定了。

老爷子来建勋，儿媳晓乐开车，朝旭自然负责带孩子，一家人真是其乐融融。每次吃饭，晓乐都关切地给老爷子夹菜、倒水，甚至老爷子衣服上淋几滴汤水，她都要停下筷子耐心地替他擦拭。

老爷子有些咳嗽，她非要亲自去药店买药不可。梁总说人生地不熟的不让她去。她回答说，去的人不了解老爷子的情况。在建勋期间，晓乐极尽孝道，对朝旭也是温柔体贴。

想起在圣陶时，老爷子乐哈哈地拉我去一间屋子里看画。他指着墙上的一幅水粉牡丹问我："画得咋样？"我说："很好，谁画的啊？"他骄傲地说是晓乐画的。我惊讶地问："没听说晓乐会画画啊？"老爷子依然呵呵笑着说："我给她请了位老师，刚学了一个月，这闺女，天赋异禀，干什么都有模有样。"

我见了晓乐，告诉他老爷子夸她画得好。她莞尔一笑说：他一向这样夸人。

我和晓乐闲聊，她说："老爷子和婆婆结婚六十年，一辈子没红过脸；当年老爷子家里穷，老太太'下嫁'给他，没想到后来论成分反过来了，老爷子也没嫌弃她是地主的女儿。那时婆婆工作单位不错，可整天没完没了地搞批斗，老爷子担心她受委屈，干脆让她辞职回家，从此再没出去工作。两个人恩恩爱爱，相敬如宾。老爷子一辈子没做过家务，婆婆不舍得让他伸手，一直到现在，别说洗衣做饭了，就是换衣服，也都是老太太帮他。"晓乐说，真是没见过这么好的夫妻。

我问晓乐，"那你和朝旭呢，你是不是也学会了做媳妇？"她说，"可不是嘛，眼前有婆婆这个标准呢。"我对晓乐说，"就冲着这点，你们这个家、这个学校就不会差。古人说，'家之兴替，在于礼仪'。"

第十场培训，主题是"夫妻关系"。

先贤们讲"内睦者家道昌"，也就是俗话说的"家和万事兴"，"福善之门莫美于和睦，患咎之首莫大于内离"。儒家认为"齐家、治国、平天下"，老百姓常说"人有三祥，不富也旺"，说的是"父慈子孝、兄弟团结、夫妻和睦"，可见家对一个人、一份事业的重要性。

纵观历史上那些名门望族、德智双全之士，一定是以家庭为道场，注重家族伦理和文化传承的。读读《朱子家训》《颜子家训》《傅雷家书》《曾国藩家书》这类图书，便能找到家族兴盛的秘密。古人说：道德传家十代以上，耕读传家次之，诗书传家又次之，富贵传家不过三代。那我们准备把什么传给心爱的儿女？苏东坡当年因乌台诗案被贬黄州，侍妾朝云生一子，苏东坡欣喜之余，作《洗儿诗》：人皆养子望聪明，我被聪明误一生；惟愿孩儿愚且鲁，无灾无难到公卿。要是没有深切体悟，他这么聪明的人怎么会希望后代"愚且鲁"呢！

家庭关系是一个庞大的课题，尤其是在中国社会"家国模式"体系里，是家大国小，格致、修正、修身功夫主要是在家庭完成的。这功夫叫精神，有了这种精神才能实现政治制度，才能以身作则。以身作则被作为一种基本的道德情操而支撑着伦理观念和行为举止。诗云：为人君止于仁，为人臣止于敬，为人子止于孝，为人父止于慈，与国人交止于信。而夫妻关系又被称为一切关系的核心，因为"有天地然后有万物，有万物然后有男女，有男女然后有夫妇，有夫妇然后有父子，有父子然后有君臣，有君臣然后有上下，有上下然后礼仪有所错"，所以夫妻是"人伦之始，造化之基"。

古人讲夫妻有别，这个"别"字却大有讲究。它不是望文生义所理解的"各有分工"，如果说夫妻需要"分工"，难道君臣、父子、兄弟、朋友不需要分工？

"有别"是在说，此种关系与其他关系明显不同，比如父子、兄弟之间有血脉联系，君臣之间、朋友之间体现的是人的社会属性，只要活着就要与人打交道，而夫妻之间则不同，一旦劳燕分飞便形同陌路。这个"别"是在标明这种关系的另类、脆弱、特别。

维系夫妻关系的只有一种东西——爱。

夫妻关系以爱为根。在天愿为比翼鸟，在地愿为连理枝。西方人也认为，没有爱，夫妻如两个孤寂的世界。

是谁多事种芭蕉，早也潇潇晚也潇潇。

爱是无法抗拒的力量，充满着无法解释的魅力，爱是一种"反理性"的冲动，如《桃花扇》所歌，"舞低杨柳楼心月，歌尽桃花扇底风"。罗密欧说："你的眼睛比二十柄刀子还锋利"，"倘使你在辽阔无际的地方，我也会踏着风浪把你寻找"。朱丽叶说："幸亏黑暗替我罩上了面纱，否则你会看见我的羞涩，是黑夜泄露了我的秘密，不要把我的许诺看成无耻的轻狂。"

然而从什么时候开始，我们不会爱了。有这样一个心理学测试：主持人要求参与测试的十个女性，给自己的先生发送一条"我爱你"的短信，结果收到的回复五花八门。有的是情意绵绵的"我也爱你"；有的是充满关切的"怎么了，是否生病了？"有的是满腹狐疑，"是不是和人撞车了"或者"你妈是不是要来了""你弟弟是否又要盖房子？"有的干脆怒气冲冲地质问，"你到底是发给谁的？现在必须说清楚，否则有我没你！"看到这样的回复，真是让人唏嘘。现代人的感情生活咋就变成这样了，我们如何给孩子示范当好他们的第一任老师？

2018 年，中国社会科学院和内蒙古大学联合对 29 省 12471 个家庭 30591 人进行调查。调查结论推翻了中国人"重感情"的说法，中国式婚姻对金钱的重视超过了爱情，中国夫妻共处时间较少，娱乐休闲以看电视和休息为主，互动性比较差，夫妻单独相处时得到的快乐低于夫妻二人与他人共处时得到的快乐。研究印证了"老来伴"的说法：中国夫妻只有老了以后才有大量的时间互相陪伴。在一定程度上，中国婚姻关系的现状是经济功能甚于精神伴侣。

目前，离婚率居高不下，对离婚案例进行分析，发现有半数以上是因为"婚内第三者插足"，用情不专导致了夫妻一方或者双方出轨。中国教育科学院一项调查表明，夫妻之间不再是最为亲密的关系，在调查"遇到烦恼时您多数会向谁倾诉"时，尽管爱人是第一情感倾诉对象，但比例不足三成，与"自我调节"比例相当。在对全国初中生的调查中发现，三成的学生认为父母关系"不太融洽"，甚至"很糟糕"，仅有 7.54％的学生认为父母关系很亲密。可见，孩子眼中的父母关系相对平淡，不和谐、不融洽的比例较高。

通过相关调查发现，在离异环境中长大的孩子，性格上往往有缺陷，敏感脆弱，人际交往存在障碍。更重要的负面影响是因为缺乏爱而不会爱，因而"挽救爱情"成了当今中国社会较为棘手的问题。"挽救爱情"就是在挽救孩子，和谐的夫妻关系和充满爱的家庭氛围，是给孩子的最好礼物。关于儿童与父母之间的关系，纪伯伦说，孩子是因你而来，不是为你而来。他不是你的附属，因而你有责任给予他成长所需要的条件，除非你是自私的，自私的人不会对任何人，包括对自己负责。

情感专家告诉我们，其实有 92％的爱是可以挽回的，而挽救爱的秘方永远只有一种：用爱治愈爱。

情感生活本身就是一场修行，而家庭正是道场。

不信，请读一读林肯的遭遇。

在美国的书籍中，凡是提起林肯的家庭生活，都会出现"林肯的悲剧""苦命的林肯""大人物在结婚上的魔障"等字眼。这到底是怎么一回事呢？

原来，在一百多年前的美国，男女双方在婚前接触的机会不多，林肯就是在"父母之命""媒妁之言"的撮合下与玛丽·托德订婚的。订婚后不久，林肯便发现自己和未婚妻在性格、志趣、修养和思想方面有很大差异。玛丽·托德曾在肯塔基州一所贵族女子学校读书，讲的是一口当时美国上层社会引以为荣的带点巴黎口音的法语，她对服饰及外表极为讲究，还常常将她的

"阔祖宗"挂在嘴上，因为她的祖父、曾祖父和曾叔祖做过将军和州长。林肯为人谦逊和蔼，而玛丽·托德却孤傲自大，心胸狭隘，嫉妒心极强，并十分任性。林肯觉得和这样的女人结合是不会得到什么幸福的。于是就很坦率地告诉她，两人不如现在分手。没想到，玛丽·托德一听此话号啕大哭起来，把林肯弄得手足无措。他那颗"慈悲"的心是最不忍看到女人啼哭的，他深恐"损坏"了这位贵族小姐的名誉，于是就吻了她的手，不再坚持，但他要她答应一件事，就是她一定要好好改改她的坏脾气。玛丽·托德满口答应，于是他们的婚约就这样保持了下来。

不幸的是，玛丽·托德的脾气并没有改，自从1842年她与林肯结婚的那一天起，林肯就交上了厄运，这种厄运像幽灵一样缠绕他长达二十三年之久，一直到他生命的最后一刻。

林肯的夫人不但脾气暴躁，而且喜怒无常，对别人十分挑剔。婚前，她常拿服侍她的女仆当出气筒，婚后，林肯就变成了她的"箭靶子"。每当林肯出现在她面前，她就会喋喋不休，她对林肯身上的每一个部位都看不顺眼，嫌林肯的头长得太小，手脚长得太大，鼻梁不直，下颌突出，看上去像只猩猩。她最看不顺眼的是林肯走路时的姿势，她认为林肯走起路来脚提得太低，没有气派，活像个印第安人。她成天逼着林肯在房间里学她的步法，一定要他在走路时先将脚趾着地。这种步法是她幼年时从那所贵族女子学校学来的。

林肯在当律师时，曾和厄尔利夫人合住在一幢小房子里。厄尔利夫人是一位寡妇，家中只有她一个人，所以常常和林肯夫妇共进早餐。她的日记中有这样一段记载：

有一次我们三个人进早餐时，林肯先生在专心看报纸，没有听清楚夫人讲的话，也没有答她的话，没想到林肯夫人竟将一杯热咖啡泼到林肯的头上。我实在看不过，只好站起身来用毛巾替林肯抹去头上和身上的咖啡残渍。林肯先生真是好脾气，他坐在椅子上没有吭一声，隔了好一会儿才慢吞吞地说道："打雷之后，必有大雨。"

林肯曾在斯普林菲尔德当过好几年检察官。这是一个偏僻的城镇，交通很不方便，所以那里的十一位检察官平时都住在家里，只有开庭时才来。而林肯则不然，他即使在休庭时也住在斯普林菲尔德肮脏的小客店里，忍受着蚊子和臭虫的叮咬，他不愿回到家中去听他太太没完没了地唠叨和责骂。

林肯是一位幽默而风趣的人，对任何人都不摆架子。他当总统后喜欢人们叫他"林肯先生"，而不要称他为"总统先生"。玛丽·托德则不然，她既傲慢又虚荣，非要所有的人称他俩为"总统先生"和"总统夫人"。有一次，一位跟随林肯多年的老仆人当着玛丽·托德的面叫了一声"林肯先生"，她就马上发了脾气，跳起来指着这个老仆人的鼻子骂他是"无法无天的蠢虫"。从此以后，再也没有人敢称呼林肯为"林肯先生"了。

一位跟随林肯多年的工作人员在他的回忆录中写道："林肯夫人出名的尖叫声不但传遍了白宫，有时甚至穿过马路传到了白宫对面的老百姓家里，其中常常还夹杂着摔东西的声音。"

林肯在给他的朋友写信时写过这样一段话："我现在是全世界活人中最不幸的一个，假如我把所感受到的痛苦平均分配给地球上的每一个家庭，那么地球上将不会有一个面带笑容的人。我觉得我今生决不会再有快乐日子了。"

林肯逝世后，美国人民缅怀他的心情与日俱增，他在美国人民心目中的地位也越来越高，因此"悍妇玛丽"的名号自然也越来越响了。在今天的美国，"林肯夫人"差不多已经成了悍妇的同义词。

林肯一生很不幸，早年他和安妮如漆似胶心心相印，可正准备结婚时，一场伤寒症夺走了他的爱情，他悲伤了四年；他一生经历了八次竞选失败，两次经商失败，一次精神崩溃，最后死于刺杀；他最大的不幸是娶了玛丽，然而她却把林肯"逼"成了总统。

所以，人生的幸与不幸，难以言说，更难以评判。

我本一心向明月，奈何明月照沟渠。

都说种瓜得瓜，种豆得豆，但爱似乎是"种甜得酸"，又常常是想要的，留不住，不想要的，却如影随形。

苏东坡十九岁时，娶了肤如凝脂、芳华绝代的王弗为妻，二人结琴瑟之好，相互许下一生一世的誓言。然而天公不作美，生生地拆散了这对有情人。妻子十年忌日之际，苏东坡写下了一首读来让人柔肠寸断、热泪长流的悼亡诗：

> 十年生死两茫茫。
>
> 不思量，自难忘。
>
> 千里孤坟，无处话凄凉。
>
> 纵使相逢应不识，
>
> 尘满面，鬓如霜。
>
> 夜来幽梦忽还乡。
>
> 小轩窗，正梳妆。

相顾无言，惟有泪千行。

料得年年断肠处，

明月夜，短松冈。

爱是什么？

爱是但不只是恒久忍耐，是但不只是执子之手与子偕老，是但不只是对等交换，是但不只是奉献与体谅，是但不只是鼓励与祷告，所以需要领悟，因为爱在本质上是一种生活的智慧和智慧的生活。我们不缺生活但缺少智慧，因而木心说，"爱是一种天才行为"。这就不太好办了。因此，中国人喜欢用一个"缘"字来解释，说什么"缘来惜缘，缘去随缘"。

缘是什么？它很像今天所说的量子纠缠：在量子力学里，当几个粒子彼此相互作用后，由于各个粒子所拥有的特性已综合成为整体性质，无法单独描述各个粒子的性质，只能描述整体系统的性质，因而称这种现象为量子缠结或量子纠缠。既然是"纠缠"，说不清道不明也就是常态了。

但生活终究是发现爱、表达爱、传递爱，爱的修养正是从"善待身边最亲近的人"开始的，"爱，原来是一场自我的教育"，众里寻他，原来是一直"就在这里"的彻悟。

建勋学校提出，爱是生命的唤醒。爱的教育，从"善待身边最亲近的人"开始，比一比，晒一晒：谁的笑容更灿烂，谁的爱情更美好，谁的家庭更和谐，谁的生活更幸福。

笑着生长

一眨眼，十场培训结束了。

美国心理学家波斯纳发现了教师成长公式：成长＝经验＋反思。他认为：教师必须注重教育教学经验的积累，并且不断把这种经验通过反复思考，升华为一种认识观念，再对后续行为产生更有价值的影响。农民哲学家兼显学大师墨子把知识分为亲知、闻知、说知三类，强调践行得来的"亲知"是知识之根。教师掌握运用"实践、认识、再实践、再认识"这一方法论，必将促进师能的质变飞跃。单靠"闻知"得来的知识终觉浅薄，这也可用来解释为何惯常的教师培训效果欠佳，用叔本华的说法是"别人思想的运动场"，教师的成长依然还在"田野"。

十场培训体现了知行结合，从知始行成再到行始知成，他们四个人的成长有目共睹，每天带着体悟去，再带着问题来，中间的过程就是消化吸收的过程，是尝试着和老师分享并一起应用的过程。把亲知、闻知、说知融汇为一，最终形成他们自己的整体观和系统论。在培训中，我注意不去灌输知识，而是努力地成为他们的"学习环境"："诱导"他们不断思考；"推动"他们探寻那个源头；"协助"他们形

成自己的心得方案；"引领"他们建构生命价值，从中发现教育的
奥秘。

　　对我来言，是通过新的培训模式，把对教育的再思考呈现出来。
这十场培训，挽救了我的教育信心，我依然信任教育蕴含着巨大力
量，承载着人类光明的希望寄托。叔本华说，每朵玫瑰花都有刺，如
果害怕扎手，就永远得不到玫瑰的芬芳。黑格尔说"人死于习惯"，
又说"熟知并非真知"，我愿意把我"熟知"的毫无保留地告知于众，
它不是真知却是"亲知"，若稍微与人一点启发足矣。教师成长实在
不是技术技能的提升和观念的转变，尽管这很重要，却非无比重要。
教育情怀决定着一切。首先该是一个会爱的人，让人"笑着生长"证
明了他们和教育存在的必要。或许可以这样表述：他就是教育，而不
是他只是一个教师，只是教会了学生知识；他要成为学生成长的环
境；他就是学生本身。

　　好培训能"大变活人"。

　　他们究竟变了没有，老师们知道，他们自己知道。

附：揭示"建勋的秘密"

郭萌，建勋学校总校长，"90后"宝妈，师范学院毕业，从教七年。信条：有志者能使石头长出青草；人是靠思想站立起来的。

亲爱的家人们，大家晚上好。

接下来由我和大家分享一下这几日的学习收获。

我先带大家玩几个益智游戏。请大家看课件，算一算，第一个算出来的有礼品相送。（大家热烈讨论）——引出三个关键词：成长、笑容、志向。

成长＋笑容＋志向＝建勋的秘密

温馨提示：读懂了这个"公式"，就读懂了建勋的秘密，就能理解董事长的情怀，找到教育的路径和成为好教师的秘密。

我今天汇报的题目就是《建勋的秘密》。

成长篇

请看图片，这是我们幼儿园的孩子。

　　每次看到这样的笑脸，我的内心就盈满幸福和感动，觉得自己也被这样的笑容融化了。真想再年轻一回，回到这样的幼儿园，无忧无虑地再做一回小朋友，被爱拥围着，浸泡着，快乐成长。

　　那么，何为成长？

　　在我看来，生命有两种状态，一种是"迷"，一种是"觉"。迷者自私、贪婪、冷漠、情绪化、缺少远大的目标；而觉者不同，他们能深刻地认识到自己是一切问题的根源，懂得爱，爱自己，爱他人，勇于担当，具有远大目标理想，追求实现生命价值。所以，由"迷"转"觉"就是成长。

　　1. 只有认识"人"才能找到破解生命成长的密码，找到通往心灵的路径，点一盏心灯（志向），帮助每个人实现人生的价值。"人生为一件大事而来"，不虚度、不苟且，活出精彩，活出价值，就是成长。

　　2. 我们始终相信每个人内心深处都沉睡着一个巨人，只要巨人醒来，任何人都可以成为大成就者。我们要做的就是走进孩子的世界，不断探索生命的奥秘，找到打开心灵的密码，唤醒他们心中的巨人。

　　3. 在建勋学校，我们努力尊重每个人的生命价值，致力于为每个生命的成长创造条件。建勋的办学宗旨是"建勋明志，教育报国"。

立足"建勋"，着眼"报国"，培养大情怀与大胸襟。站在山巅看社会，站在未来看人类，一分天命，十分担当。

4. 我们相信每个人都有其不可替代的巨大价值，都有其存在的基本意义。看看我们的孩子，迎着阳光奔跑的姿态，看看他们身上的那种"神性"，你还会否认他们是天使，是天才吗？教育是什么，就是努力为每个人创造适合其展示自己的与众不同的平台，让他们人尽其才，物尽其用。

5. 前段时间，圣陶学校的王天民校长来建勋上公开课。大家还记得那个叫王杰的小孩吗？在一年级到初二学生临时混编的班上，年仅七岁的他先后抢爬黑板八次。王老校长双手把他举起来说，"你就是建勋学校的学习英雄"。大家发现了吗，这堂课之后，小杰的眼神都不一样了，他进入了另一种生命境界，他可能从此真的成为天才了。这就是教育！所以，体验成功就是成长。

笑道篇

每次读高士其的《笑》，我都怦然心动，心向往之。

笑是一种生命状态，是一种人生动力。

老人家其实已经把"笑道"解读得很清楚了。笑道囊括了哲学、医学、心理学、教育学、政治学、文学、艺术等，"本质是精神愉快"，这和我们"让每一个生命笑着生长"的理念相符。

建勋提出"笑道"这个概念，不是剑走偏锋追求新奇，而是基于对生命的尊重。曹操名篇《短歌行》说人生"譬如朝露，去日苦多"；李白也说，"君不见高堂明镜悲白发，朝如青丝暮成雪"；苏轼说，"寄蜉蝣于天地，渺沧海之一粟"……人生就是这样在绿肥红瘦中匆匆而过，一眨眼就过去了，"流光容易把人抛"，生命如此苦短，因而它带给每个人一道必须思考和面对的永恒命题，那就是如何活着。

今天，我讲个"陶行知先生的四块糖"的小故事。

陶行知先生做校长时，一天，在校园里看到一名男生正想用砖头砸另一个同学。陶行知及时制止，同时让那名男生到自己的办公室。

了解情况后他回到办公室，发现那名男生正在等他，便掏出第一颗糖递给他："这是奖励你的，因为你很准时，比我先到了。"接着他又掏出第二颗糖："这也是奖励你的，我不让你打人，你立刻就住手，说明你很尊重我。"这名男生将信将疑地接过糖。陶行知又掏出第三颗："据了解，你打同学是因为他欺负女生，说明你有正义感。"这时那名男生已经泣不成声了："校长，我错了。不管怎么说，我用砖头打人是不对的。"陶行知这时掏出第四颗糖，笑着说："你已经认错，我们的谈话结束了。"

哪位老师来分享一下听完这个故事的感受？

蔡老师：陶行知先生这个故事让人感动，他是一个尊重事实、理解学生、懂得学生、善于处理问题的好老师。

高老师：从陶行知先生身上我们可以学到很多东西。教育学生或者孩子时不应用训斥、苛责、打骂等伤人自尊的方式，而应平心静气，换位思考，旁敲侧击，对比设喻，导化对方心理。

郎老师：很多时候，微笑比严酷更有力量。

郭萌：大家都说得比我好，我就不再分析了。我们接着看下一篇《永不凋谢的玫瑰花》。

校园的花房里开出了一朵最大的玫瑰花，红艳艳的花朵就像一张张可爱的婴儿的笑脸。你肯定从来没见过这么大，这么美的花儿！全校的同学都非常惊讶，每天都有许多同学围着看。

这天早晨，又有一些同学来观赏玫瑰花。他们一边看，一边赞不绝口。这时，来了一个大约三四岁的小女孩，她径直走向那朵最大的玫瑰花，摘下来，抓在手中，从容地向外走去。

同学们惊讶极了，有的非常气愤，有的甚至要上前制止那个小女孩。正在旁边散步的苏霍姆林斯基校长看到了，他走过去，弯下腰，亲切地问小女孩："孩子，你摘这朵花是送给谁的？能告诉我吗？"

"奶奶病得很重，我告诉她学校里有这样一朵大玫瑰花，奶奶有点不相信。我现在摘下来送给她看，看过后我再把花送回来。"女孩害羞地说。

听了孩子天真的回答，同学们不言语了，教育家的心颤动了。苏霍姆林斯基牵着小女孩，从花房里又摘下了两朵大玫瑰花，对她说："这一朵是奖给你的，你是一个懂得爱的孩子；这一朵是送给你妈妈的，因为她培养了一个善良的好孩子。"

请老师们再来说说听完这篇文章的感受。

许老师：这个题目内涵丰富，"永不凋谢的玫瑰"指的是孩子有一颗纯洁、善良、美好的心灵。

李老师：我很钦佩苏霍姆林斯基，读过他的好几本书，受益匪浅，我认为苏霍姆林斯基是一个有同情心、有爱心、懂得孩子内心的人。

崔老师：我们平时提到最多的就是"儿童学"，这篇文章就是儿童学的典范，所谓儿童学是要求教师要树立一种良好的教育观念，即从儿童出发，以儿童的心理视角去发现儿童行为的秘密，让自己成为一名儿童。

郭萌：太好了！

大家是否还会背诵苏霍姆林斯基的"一个好教师意味着什么"？

让我们一起背——

一个好教师意味着什么？首先意味着他是这样的人，他热爱孩子，感到和孩子交往是一种乐趣，相信每个孩子都能成为一个好人，善于跟他们交朋友，关心孩子的快乐和悲伤，了解孩子的心灵，时刻不忘记自己也曾是个孩子。

再请大家重温这段耳熟能详的文字——

花开了，就像睡醒了似的。鸟飞了，就像鸟上天了似的。虫子叫了，就像虫子在说话似的。一切都活了。都有无限的本领，要做什么，就做什么。要怎么样，就怎么样。都是自由的。倭瓜愿意爬上架就爬上架，愿意爬上房就爬上房。黄瓜愿意开一个谎花，就开一个谎花，愿意结一个黄瓜，就结一个黄瓜。若都不愿意，就是一个黄瓜也不结，一朵花也不开，也没有人问它。玉米愿意长多高就长多高，它若愿意长上天去，也没有人管。蝴蝶随意地飞，一会儿从墙头上飞来一对黄蝴蝶，一会儿又从墙头上飞走了一只白蝴蝶。它们是从谁家来的，又飞到谁家去？太阳也不知道这个。

只是天空蓝悠悠的，又高又远。

让我们乘着"笑"的翅膀，向着天空飞翔，"天空蓝悠悠的，又高又远"……

志向篇

何为志向？以文解意：志者，志气；向者，方向。合起来即目标。

从这学期开始，我们要推广"点灯计划"。点灯计划，顾名思义即每个人点燃心中那盏灯。要实现明志报国的宏伟志向，需要集腋成裘，滴水穿石。古人说不积跬步无以至千里，我们要引领每个人学会找目标、定计划——从日志到周志，再到月志、季志、期志、年志。我们一直在倡导"人学"，"人学"包含两层含义，人之一撇即目标，人之一捺即路径，目标＋路径＝成就感。正是基于此，我们找到了建勋发展的内核公式：成就感＋志向＝生命意义。这是"建勋明志，教育报国"的"数学解读"。

其实，每一个非凡人生的密码都是这个公式的呈现。

如果你觉得发展的环境不好，际遇不佳，那就想一想岳飞；如果你觉得生活塞困，怀才不遇，那就想一想孔子。人生中哪一种坎坷困顿不是对精神意志的考验？

有一老教师站起来说：是的。董事长夫妇没上过多少学，在封丘这样一个国家级贫困县，他们是怎样一步步走出来的？郭总曾经多少年骑着一辆自行车，从封丘到山西，载着两百斤的货物，穿梭在乡村崎岖的山路上。有一次又困又饥，连人带车跌倒了，迷迷糊糊醒来时发现倒在悬崖边上，吓得出了一身冷汗。梁总那时在村里做裁缝，为了赶活，常常是夜伴星月，鸡鸣窗外，满眼血丝……他们的故事催人泪下，本身就是一部人生奋斗史、励志史。后来，企业发展起来了，学校办起来了，尽管他们不是村里最富有的，却多年坚持服务村民，做了很多善事义举，他们仁心慈厚，厚德载物，还一直收养资助许多特困生和孤儿……他们说，自己穷过，所以见不得别人受穷；自己没文化，所以希望每个孩子都有文化。

（全场静默，抽泣声响起……）

郭萌：谁需要纸巾，举手。（众笑）。

作为他们的女儿，似乎有些话不应该由我来说，但是作为建勋的教师，每天和他们生活在一起，我受到的言传身教最多。前几天，我们看木村的电影，我妈哭得最厉害，她说木村触动了她，让她想到了当年的自己。电影结束后，她又给我"痛说家史"，他们有今天的确不易。我更觉身上家族精神传承的责任之重。李老师前一段在领导班子培训上，专题讲授了"家族传承的秘密"，让我深受震撼。这一段时间我一直在思考，我要做一个什么样的人，成为一个什么样的教师和学校领导，我要传承建勋学校什么样的精神基因，未来把学校带向哪里。

回到"志向篇"。今天，对于建勋的孩子，我们的培养目标是"三个一"：一个好习惯、一种好品质、一份好成绩。对于建勋的教师，也是"三个一"：一颗爱心、一张笑脸、一身正气。老师们，请一起做一个有爱的人：心里装着家长、孩子、学校、社会、国家，天下兴亡，我的责任；建勋兴亡，我的责任；未来十年，看我建勋，就是志向。

志分为很多种，微志、小志、卑志、大志、高志，总之，人活着需要有志。墨子说，志不强者智不达；诸葛亮说，志当存高远；司马迁说，孔孟两家，皆无父儿，唯因有志，成为圣人；苏轼说，古之立大事者，不惟有超世之才，亦必有坚忍不拔之志；曾国藩说，志乃脱胎良药，换骨金丹；李清照说，生当作人杰，死亦为鬼雄。我去年去内蒙古草原，朋友年届九旬的奶奶说过一句很经典的话，"有志的人能使石头长出青草来"。老人家一辈子放牧,该是经历了怎样的艰难困苦,才总结出这样的人生心得。听了这句话我的眼泪都下来了,从此我把这句话当作了我的座右铭。

志从何来?

我认为来自四个方面:文化的熏陶,课程的引领,同伴的影响,自我的觉悟。

最近一段时间,我们确立了建勋学校"未来十年规划",其中就包括创建"新形态学校"。我们认识到,中国基础教育经历了二十年变革,从改变课程到改变课堂,从改进教学方式方法到加大投入改变教学装备和技术手段,从改变教育结构到改变教育内涵,从改变学校文化到改变学校制度……

每一次改革,都似乎解决了教育面临的一些问题,却无法满足全社会期待,似乎我们与理想教育的距离并未缩短。或许正是基于此,教育人日渐多了对改革的怀疑,乃至于再提改革,部分教师就会条件反射地认为"瞎折腾"。应试教育依然甚嚣尘上,在某些地方仍是教育主流。为什么我们的改革转了一大圈,仍旧在原地徘徊?面对这种状况,建勋学校立志从根本上解决教育的顽疾,重建教育学体系,这是一项伟大的使命,是"天降大任于是人"。"新形态学校"是"从原点重新出发"的教育,挑战无疑是巨大的,过程是艰巨的,但我们有信心,有决心探索出一条光明大道。

逻辑篇

李老师在"从原点重新出发"的"新形态学校"体系中为我们建构了教育的逻辑,这种教育逻辑的核心是理念和文化的重构。某些经验主义者也许会因此感到茫然、痛苦,但它意味着重生、新生,我们必须具有这种自我告别的内在勇气。我们一直讲"觉",选择意味着对每个"建勋人"的考验,这是"觉者"的必然,是一种自主生发的人生态度。

建勋的教育逻辑:认知(以人性化为原点,始终欣赏,笑着生长)——理念(相信、解放、利用、发展)——载体(22生命课程、22文化课程)——价值(人尽其才,物尽其用)——信念(点灯计划)——意义(建勋明志,教育报国)。

"新形态学校"的路径:人性化、个性化、信息化、国际化、高质化。其内在逻辑是:人性化是基石,个性化是特色,信息化是手段,国际化是路径,高质化是结果。

"新形态学校"体系的立足点是"认知"——爱是教育的灵魂,"儿童学"是课程支撑;"相信、解放、利用、发展"是核心理念;改变每个人的生命状态,"笑着生长"是文化情感;唤醒内在信念,实现"明志报国"是目标宗旨;创新"五化并举"是特色路径;"教师三个一"、"学生三个一"是校风气质;"解放教师",日行五一,人尽其才是尊师重教的基础保障;素质教育是教育良知和不变的主题。理解了这个体系的逻辑和路径,就能理解为什么要摒弃"红叉号思维"和拒绝"捉虫子行为";为什么要提出"始终欣赏"和"笑着生长";为什么要变"反思会"为"点赞会";为什么要背会三段文字;为什么要立木村为"校魂";我们说要改变观念,为什么要提出"只有差异,没有差生"……

分享篇

以下部分,逐条分享:

欣赏盛开的花,更要欣赏未开的花、凋零的花。

推进"三化课堂"和"个性化作业"。

用"祖父的眼光"看孩子，做"有妈妈的味道"的老师。

像苏霍姆林斯基那样，心中有一朵"永不凋谢的玫瑰花"。

走出情绪泥潭，懂得生命，珍爱生命。

爱自己，爱孩子，爱家人，爱国家，爱世界，爱人类。

服务他人。

追求生命的高价值。

……

建勋日行五一：

1. 每天保持一个好心情。这是建勋教育的修心路径。

2. 每天做一件好事。这是建勋教育的幸福路径。

3. 每天送学生一句寄语。这是建勋教育的文化影响路径。

4. 每天上一节好课。这是建勋教育的专业成长路径。

5. 每天与一名学生谈心。这是建勋教育的生命影响路径。

好了，时间到了。希望我今晚的汇报能带给大家一个好心情，希望大家笑着入眠（众笑）……

為 教 师 立 言

第三章

"新形态"一讲：
教育的基本认知

当我们改变不了环境时，
不妨从撒一把种子、种一棵树开始。
这或许是"最佳选择"了。

使人觉

觉是一盏灯

"觉"这个字内涵丰富。繁体字写作"覺"，《说文解字》解释为"悟也"，觉、悟两字为转注，相互注解。我把它释读为"学而见者谓之觉"。《论语》开篇"学而时习之"首字即"学"，"学"字繁体作"學"，亦作"斅"，是会意兼形声字，读作 xiào，《说文》指出：教（學），覺悟也。综上，教育教什么？教觉悟。学什么？学觉悟。孔子曰，学而时习之，本意不是说学了就要时常温习，如是何谓圣人矣，又岂会"不亦乐乎"？别把圣人拉低成作业辅导教师。王阳明懂，他说知行合一，用今天的话说，叫"把心安住"，然后"带着觉知生活"，这就是学而时习之，到这种境界，也就不亦乐乎了。

说完了"学"，再说"见"。"见"，从儿从目，《说文解字》注："视也，析言之有视而不见者，听而不闻者。浑言之则视与见，闻与听一也。"简单来说，它不单纯是六根、六尘、六识的眼识，它属于一种"智见"。

生命状态

觉是智慧的生命状态，觉是一盏灯。其实，生命只有两种状态，藏纳在"觉"的读音里。

当觉读作 jiào 时，表示"迷寐"；读作 jué 时，表示"觉醒"。

我再一次惊叹于那个造字的祖先，不管他是仓颉还是黄帝，绝不是编教辅的水平。史书说：字成之时，"天雨粟，夜鬼哭"。难怪我一个研究汉字的朋友说，汉字是全息的，是祖宗留给我们的"道德遗嘱"，是"天地之符""精神图腾"。

人在"迷寐"状态下是什么样的？一百年前有个圣人说：秉性当家，怨恨恼怒烦；心中有私欲，贪嗔痴慢疑；身有不良嗜好，吃喝嫖赌抽。

曾经读到过一个故事，印度有位国王对一位瑜伽士耍威风，瑜伽士不理会，国王恼羞成怒，扬言要杀了他。瑜伽士问：你凭什么杀我？国王说：你是我治下的奴仆，我想杀你就杀。瑜伽士不卑不亢地答：我虽是你的奴仆，但你却是我奴仆的奴仆。国王不解，瑜伽士解释说：愤怒是我的奴仆，而你却被愤怒所驱使，你岂不是我奴仆的奴仆？

教育的目的正是教人从"迷寐"走向"觉醒"，其本质是促进人的"心智转换"，没有教育就没有这种转换，转凡成圣、明心见性或曰"化性再造"皆指向此。

不觉很可怕

《人类简史》中有段话振聋发聩："拥有神的能力，但是不负责任、贪得无厌，而且连想要什么都不知道。天下危险，恐怕莫此为甚。"

日本人曾说："中国人就像蚯蚓，把一段身子切断，其余部分没有感觉，仍能继续活着。"日本人占领东北后，日本小孩在大街上扯着中国人的长辫子，追着喊"清国奴"，简直是奇耻大辱！所以有人痛彻心扉地讲，一个民族只要有少数中的少数人不肯坐以待毙，这个民族总有希望。日本人侵占后，市民们"不过几天的慌乱"，接着城市就"恢复热闹"，很多人开始忙活着学日语，赶着马车为日本人运送物资，变着法子与他们做生意……生活所迫可以理解，亡国奴心态才是最可悲的。

举这个例子不是唤醒沉痛，而是想重复这句话，"只有当文化和历史活着时，国家才活着"。

孔子是"至圣先师"，他原本静静地躺在那个青松翠柏的坟茔里，谁知两千年后，迷迷糊糊就被铁锤、炸药声惊醒了，至今驻足孔林，犹能看见那些断碑，昨日呐喊喧嚣的辱骂声依稀还在耳畔，刺破那块禁地和圣地的宁静。一个毕生致力于改造人类社会的人，死后却被如此"教育"了，真是一种反讽！

"道德是人类生存的需要"，然而在一个"迷寐"的时代，却遍地充斥着一些"伪道德"，让人痛恨和无奈。米兰·昆德拉说：让人反感的，不是丑陋，而是漂亮的面具。喜欢戴面具却又掩耳盗铃、妄自尊大的人，其实是更大的迷寐。读史，总让人困惑，如鲠在喉。我们喜欢说"一个苦难的民族"，为什么总是身处苦难，是一只什么样的手攥住了我们的脖颈，智慧、善良、勤劳、酷爱和平，温良恭俭让，仁义礼智信，这些中华民族的美德，难道只是一些概念？

始于足下

处于"迷寐"状态的教育是什么样的？

大家七嘴八舌，似乎都有满肚子的话说。

> 李艳霞：应试教育依然大行其道，大有市场。
> 郭萌：有些教师课上不讲，课外有偿家教，师德沦丧。
> 葛海林：媒体报道有的学校以"礼"排座位，学校教育有太多的势利眼。
> 李瑞：师生对立，家校对立。
> 郭萌：某些地方不尊师重教。
> 郭萌：大学混乱，教人渔利，"精致的利己主义者"。
> 李艳霞：立德树人得不到落实。
> 葛海林：走过场、假课改、装样子……
> 葛海林：办学自主权丧失。
> ……

透过现象看本质，我们来找找"根源"。

> 葛海林：不好说，不敢说，不能说。
> 李炳亭：说吧，我们是研究问题，不带入其他色彩。
> 李艳霞：社会问题？
> 郭萌：文化吧？
> ……

实际上，每个人都习惯于把手指头伸出去向外指，有问题不是怪体制，就是怪文化，而独独忘记了"我"才是一切的根源，我就是体制，我就是文化，我就是教育。

我是说，当我们改变不了环境时，不妨从撒一把种子、种一棵树开始。这或许是"最佳选择"了。

正如《爱弥儿》所言：一个人的心是只服从他自己的，你想束缚它，结果却释放了它；如果让它自由自在的话，你反而把它束缚得更紧了。

我给他们举了河北塞罕坝的绿色奇迹：

"黄沙遮天日，飞鸟无栖树"，半个多世纪以来，三代塞罕坝林场人以坚忍不拔的斗志和永不言败的担当，坚持植树造林，建设了百万亩人工林海。如今，塞罕坝每年为京津地区输送净水1.37亿立方米、释放氧气55万吨，成为守卫京津的重要生态屏障，创造了荒原变林海的人间奇迹。

教育要造出塞罕坝，就需要有"塞罕坝精神"。把这种精神传承下去，愚公移山，定能创造出绿色奇迹！

埃利斯是谁？

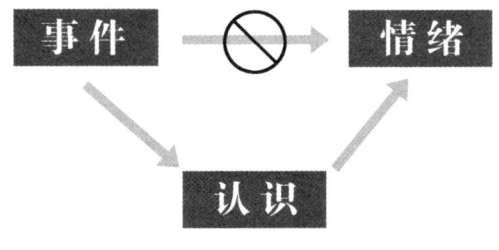

情绪ABC

有这样一个故事：公园里，有个小伙子坐在连椅上看书，过了一段时间，他把书本放在椅子上，站在一旁伸懒腰。有个中年人走过来，一屁股坐在了书本上，小伙子非常生气。

明明有那么多椅子，干吗非要坐这张椅子？既然坐过来了，干吗非要坐在我的书本上？这人看来是故意找碴的，除非他眼瞎了！

小伙子越想越气，准备挥起拳头好好教训教训他。

可是，假如对方真是个盲人呢，而且这张椅子是他多年坐惯了的。

假如小伙子知道这个盲人身患重病，因为抑郁准备自杀，这是他最后一次来和公园告别呢？

假如这个准备自杀的盲人，有一桩心事未了，他有一位年迈的老母亲，住在遥远的外地，他临终前想委托一个人把一件遗物交给母亲呢？

如果真是这样，小伙子还会以拳相加教训他一顿吗？这就是埃利斯的情绪 ABC 理论。

尼采说

同样一件事，不同的人会产生完全相反的情绪体验。为什么？

尼采说：凝视深渊久了，就变成了恶龙。凝视深渊，深渊将回以凝视。

情绪 ABC 理论告诉我们：决定结果（C）的往往不是事件本身（A），而取决于对（A）的看法（B），这个理论在根源上揭示了"认知冲突"。在这个世界上，几乎所有的冲突都来自认知角度的不同，有七十亿人，就有七十亿个角度，每个角度都不能代表绝对真理。自我角度感越强的人，控制欲就越强，痛苦就越多。什么时候我们认识到这一点，放下了自己的角度，也就解决了一系列的冲突，这个世界也就相应变得平静和谐了。

做一个清醒的"觉者"吧，它会把你拉出"深渊"，带给你温暖晴朗的每一个日子。

找到"心"

断臂求法

二祖慧可断臂求法是禅宗里非常著名的故事，少林寺中的"立雪亭"，亭名据说就是源于这个故事。

当年达摩大师与梁武帝话不投机，于是一苇渡江，辗转来到少室山，找了个山洞住下来，修行的同时等待天机。想当年，神光可是著名高僧，据说其说法时梵天献花、地涌金莲，没想到被达摩一顿诘问，自感灰头土脸，恼羞成怒，手里念珠随手一甩，正巧打掉了达摩三颗牙齿，达摩只得"打掉牙往肚子里咽"。《高僧传》中说，如若达摩吐出断牙，每吐出一颗老天将会降罚天下大旱三年，于是他只得面壁九年，替世人消不敬圣人之灾。

后来神光幡然醒悟，一路追随达摩足迹至嵩山腹地，欲拜其为师，无奈大师不允，他于是长跪不起。大师见时机已到，便问神光缘何拜师。神光答，为求解脱。大师冷笑：如此甚深微妙之法，哪能轻言相送，除非"天降红雪"。神光闻听，从腰间拔出戒刀，斩截左臂，顿时血流如注，天地之间，白雪尽染。大师再问，汝为何不得解脱？

神光答曰：心乱如麻。大师曰，将汝心取来。神光遍寻心而不得，一时又疼又急，竟陷入一种空蒙状态。大师笑言：我已为汝将心安好。神光遂大悟，后继承衣钵，取名慧可，成为中国禅宗二祖。

都是心事

有个成语叫"杯弓蛇影"，说的是晋朝人乐广与朋友饮酒的故事。乐广平日与一朋友交往甚密，后来朋友突然久不露面。乐广前往探访，才知朋友因饮病倒，问其因，言"杯中有蛇"。乐广返家仔细查找，乃恍然大悟，所谓的蛇原来是墙上挂着的角弓影子倒映在酒杯里，朋友闻知就病愈了。

生活中类似杯弓蛇影的事并不少见，比如抽烟，我们也可试着像乐广那样，追问查找一番"蛇"到底在哪里。

追问一：你抽烟，究竟是哪个你在抽？

追问二：你生下来时肯定是不抽烟的，你何时学会的抽烟，因何缘故？

追问三：当你想要抽烟时，如果一时不能满足或者被人阻止，会焦躁、生气或者痛苦吗？这种情绪又是一种什么东西，它是与生俱来的吗？

追问四：假如抽烟果真是与生俱来的，别人为何没有？当你因为一时抽不上情绪发作时，你会选择何种方式去面对？

追问五：你会因此归咎于烟、烟厂或者其他方面吗？

追问六：你想过有一天会戒烟吗，你为什么想戒烟了？

追问七：当你尝试戒烟时，会发现突然多了一种诱惑考验，你经受不住，于是缴械投降，你是向谁投降的？

追问八：当你开始复吸时，你的欲望得到了满足，而内心却同时升起一种沮丧和懊恼，你找到了一条合理的安抚方式，规定每天最多抽三支，你是和谁协商的，谁是你的"纪委"？

追问九：你有毅力或者没有毅力，你的"有"和"没有"从哪里来？以前没有，并非代表永远没有，你终于戒烟成功了，你的成就感从哪里来的，你是否很乐意分享戒烟的经验？

追问十：当你不抽烟了，再看见那些吞云吐雾的瘾君子，闻见烟味时你有了不同的感受，你为什么会有这样不同的感受？

……

这就是"心"。参参古人这则谜语："三点如星象，弯钩似月牙；披毛从此得，成佛也由它。""披毛"代指畜生。看看，这颗心有多厉害、多善变、多不好琢磨把握。

心是什么？似乎是一种欲望情绪，是一种认知角度，一种无常变化……不好概括。圣人讲："吾人现前一念心性，不在内、不在外、不在中间，非过去、非现在、非未来，非青黄赤白、非长短方圆，非香、非味、非触、非法。"玄之又玄，智者却说此谓为"本体"。盖中国文化之奥秘，从黄帝的"君主之官"，到理学的"吾心即理"，再到佛学的"心佛不二"，大抵以心为玄关，视心为宇宙之本体，而天地万物都是心变现出来的，因而它决定了一切。心是能变，宇宙万物是所变；能变的只一个，所变的无量无边，但它终究指向一种无法形容的状态，终归是如人饮水，一个"觉"字意趣无穷，不足与外人道也。正因之，所以教育之难于此，脱离本体而教，岂能得"一心""真心"？

教育乃心事。

金狮子章

说心事，《华严金狮子章》可静心品读。譬如你面前有一尊金子做成的狮子，若从相貌看，它是狮子，于是狮子闪现而金子隐蔽；若从材料角度看，它是金子，于是金子闪现而狮子隐蔽。狮子的每一根毛发中，都含有狮子的本性；所有毛发组成的狮子也可在一根毛发中闪现，即每一根毛发中都有所有狮子普遍性的东西；所有狮子普遍性的东西，又渗入每一根毛发中，如此重重无尽。

只要活着，每时每刻，你面前都有一尊金狮子：比如让你很讨厌的某个人；比如，你是否常这样说，别触碰我的底线；比如，你特别在意某句话、某个细节……

金狮子代表角度，因此你看到的是你心里一直放不下的东西，如此，金狮子又成了照见欲望的镜子。

差之毫厘，谬以千里

所有的学习和成长，本质上都是"育心"，所以教育是"心育"。

再讲一个河南人的故事。

这个故事来自《后汉书》中《神仙传》里的费长房。费长房是汝南人，曾担任市掾（市场管理员），偶遇葫芦仙，于是追随之学做神仙。学习神仙有三大关——

第一关：于群虎之中，留使独处，长房不恐。

第二关：又卧于空室，以朽索悬万斤石于心上，众蛇竞来啮索且断，长房亦不移。

第三关：复使食粪，粪中有三虫，臭秽特甚，长房意恶之。

翁曰："子几得道，恨于此不成，如何！"

"不恐"是指有勇，孔子讲"三达德"，勇者无惧；"不移"是指定力强，《大学》讲定静安虑，功夫了得；可一个"恶之"，就坏了，分别心一起，掉落成了"半仙"。他压根不知道，"粪"非粪，只怪他肉眼凡胎，缺了孙猴子那火眼金睛，"清北"没考上，无奈落个"二本"，遗憾终生。

做"心"的主人

一谈心学，似乎就是王阳明和湛若水，湛若水的心学"随处体认天理"，而王守仁的在于"致良知"，儒家的"致良知""明明德"和道家的"道"，佛家的"佛""觉""真如""自性"大体并无差别，不过是其体系不同。

千万不要误以为我是在谈封建迷信，更不要以为研习这些就是患上了"修行病"，修行与学习，也无非是说法的不同，就像中文说"爱"，英文说"love"。一切的学习都是为使当下生活得更好，都是为了摆脱情绪和欲望的缠缚，牛饮水成奶，蛇饮水成毒，生活的本质不是追求形而上的道，否则你会饿死，也不是单纯为了追求享乐，那样你会撑死。

我们习练传统文化，不是为了那些繁文缛节，之乎者也，因循守旧地为自己再套上几道枷锁，而是吸纳传统文化的精华，放下一些不必要的累赘附庸，与圣贤们的灵魂相通；学着像他们那样，做一个内心清明，自在从容，服务于他人，成就于社会的人；懂得自己的"天命"，知道自己今生为何而来，为何活着，活得精彩而有意义。

有人曾这样比喻社会人生：就像一群猴子抢一个空果壳，力气大的抢走了果壳，没抢到的就被称为失败者，抢者发现是空壳却要装出胜利者的样子。因此，有人说"我们从未见过真相"，而人生的真相不过是回到心的源头，"问渠那得清如许，为有源头活水来"。

心是生命的源头，回到了这个源头，便改变了河流的走向，千真万确，这句话道尽了教育的终极秘密，回到心的源头，才能做自己的主人。鲁迅曾提出"立人"概念，他说，要立人，必须先要"立心"，因为离开"心"谈教育、悟教育、做教育，都无异于在制造更多的困境。

离开心而做教育，无异于"猴子捞月"。

为何倡导"日行五一"

多年来，我一直在找寻修心的法门和路径。

寻师访友的生活无疑是新奇而有诱惑的，这些年，我曾踏着大理的暮色，去寻找山路尽头的"飞瀑云团"；去终南山探访那藏匿石间的"空谷幽兰"；去平凉崆峒山，去蓬莱八仙渡，去三亚天之涯，去蜀中峨眉顶，去贵州梵净山，寻访方外之人。他们有的羽扇纶巾，一副高深莫测的神情；有的宽衣广袍，一副慈悲无我的高古之态；有的布衣芒鞋，一副化外清雅的悠远之姿；有的清风朗月，一副不染尘世的俊逸……

身边关心我的人，曾语重心长地劝诫我，他们的诚意让我感动。我始终知道自己在寻找什么。我在寻找，我不是那个因幻想"盗火"而迷路的人，也不是那个不断推着石头上山的西西弗斯，那个倒霉的、执迷不悟的家伙。

直到有一天，我无意间在墙角某处，突然发现了一本脏兮兮没有封皮的书，我浑身战栗，认为它是天之给予，因而称其为"天书"。

《史记》说曲阜鲁门曾降下过天书，言的是"天道必倡"之类。我的"天书"讲到了"化人之性"。我碎碎念的是教育，教育的根本在教师，教师如不明理，眼前漆黑一片，教育就变成了"教愚"，应试教育如是，孩子苦不堪言。得此"天书"，真是"芒鞋踏遍陇头云"，"归来笑拈梅花嗅"。我如获至宝，把书精心清理过，再用牛皮纸小心包好，专注其中，每日里苦思冥想。愚者千虑，精诚所至，终有一得。教师成长的"日行五一"，就是这样为"化人之性"得来的，窃以为终于找到了促进教师改变的金钥匙。

1. 每天保持一个好心情。（学会情绪管理）

2. 每天做一件好事。（成人达己）

3. 每天送学生一句寄语。（星星之火）

4. 每天上一节好课。（专注精进）

5. 每天与一名学生谈心。（和谐师生关系）

认识"自己"

我是谁

父母给取了个名字，于是我就有了一个标签。姓名是我吗？如果有一天改了名字，是否就有了另外一个我？看前些年的照片，和现在的对比，像换了一个人，我迷惑了，哪个才是我？

一岁时蹒跚学步，咿呀学语；十岁时，掏鸟抓鱼，好奇心炽盛；二十岁学着恋爱，诗情滚烫，意犹未尽；三十岁愤愤然感怀才不遇，直到被人戳一棒子，说"怀才"好比"怀孕"，遂抚腹释怀；四十岁策马纵横，所向披靡；五十岁厄运降临，雾里看花，方明白许多似是而非的道理，"红楼一梦"不过"太虚幻境"，"假作真时真亦假，无为有处有还无"，是也非也，好事与坏事，哪个标准？如此，哪个年龄段的我代表"我"？设若不同年龄段的我搞个辩论赛，哪个我蟾宫折桂？假如人生重来，我选择再回年少，一如将率性刻在骨头上，迎风铮铮而鸣，有青铜音色；今下，我依然庆幸生活在这个时代，我不好，时代不坏，如一场不咸不淡的婚姻，摇摇晃晃，一摇一风烛，一晃一残年，也是风景。

生命是什么

智者说，生命只是一种偶然存在的现象。

骄傲什么，狗和猪，孑孓和跳蚤，蜉蝣与细菌，同属这种现象。

活着叫"生"，玩完了叫"死"。孔子说"交臂非故"，庄子说"方生方死"，柏拉图说"活着是为死亡做准备"，都是一种智见。

因而佛陀说，生命只在呼吸间。

这口气长一点，一百年不少；短一点呢，刹那生灭。能做主的叫人生，不能做主的叫众生；能做主的叫自己，不能做主的叫自己人。有人说，这个世界只有三件事，老天的事，别人的事，自己的事。老天的事管不了，别人的事管不着，剩下的就只有自己的事了。

每个人来到这个世界，都是赤条条攥一双空拳，孤独地来又孤独地去。孤独是生命的真相，别奢求被人理解，生命偶尔会交叉，但不会全叠合，更不能替代。吃饭无法替，哭泣无法替，扎针无法替，死亡无法替。想想蝇营狗苟投机钻营那点破事，金钱和别墅，失恋与评职称，相比生命又算得了什么？有副戏联说："或为君子小人，或为才子佳人，登场便见；有时欢天喜地，有时惊天动地，转眼成空。"人生紧要，须活出自己，纵然得风得雨，势大力沉，一拳能捣地球个窟窿眼子，你多了什么？窟窿眼子有了，虚空增加，空气少了几多？为人当少干迎风唾面、自取其辱的事，你不会拿猪的理想反驳吧？谁会选择"猪狗不如"，爱因斯坦敢于说"我拒绝猪栏的理想"，他伟大。

为一件事而来

有些人活成了精神的标本，世界的榜样，人类的骄傲，我就认识这样几位。

我曾经用了近三年时间，专注研究了几个特别的人物。他们都是没上过学的人，却把我带进了另一个我从未进入过的世界。我感恩今生遇到了他们。

其中一个叫武训，他行乞三十八年，创办义学三处。武训是中国近代著名的慈善家、教育家，是中国历史上以乞丐身份被载入正史的第一人。

武训的事迹曾被拍摄成电影。那是一部以清朝末年武训的生平事迹为内容的传记影片，讲述了武训"行乞兴学"的感人故事。影片以细腻的叙述方式，展示了少年武训的苦难生活，和他由"行乞兴学"而终于获得"苦操奇行""千古一人"美誉的经历。

武训传记《义丐武训》对其一生有详尽记载。武训七岁丧父，乞讨为生，求学不得。十四岁后，多次离家做佣，屡受欺侮，有雇主因其文盲以假账相欺，谎说三年工钱已支完。武训争辩，反被诬为"讹赖"，遭到毒打，气得口吐白沫，不食不语，病倒三日。他吃尽文盲苦头，决心行乞兴学。

1859年，二十一岁的武训开始行乞集资。他手持铜勺，肩背褡袋，烂衣遮体，四处乞讨，足迹遍及山东、河北、河南、江苏等地。他将讨得的较好衣食卖掉换钱，自己只吃粗劣甚至发霉的食物，他边吃边唱："吃杂物，能当饭，省钱修个义学院。"

在行乞的同时，他捡收破烂、绩麻缠线，边绩麻边唱："拾线头，缠线蛋，一心修个义学院；缠线蛋，接线头，修个义学不犯愁。"他还经常给人打短工，并随时编出歌谣唱给主人听。《武训歌谣》辑录了武训行乞吟唱的多首歌谣。另外，他还为人做媒红，当邮差，以获谢礼；表演拿大顶、打车轮、学蝎子爬、给人当马骑等，甚至吃蛇蝎、吞砖瓦，以取赏钱；他将自己的发辫剪掉，只在额角上留一小辫，以兑换金钱和招来施舍。

下跪劝学

1886 年，武训已置田 230 亩，集资 3800 余吊，他决定创建义学。1888 年，武训花钱 4000 余吊，在柳林镇东门外建起第一所义学，取名"崇贤义塾"，他亲自跪请有学问的进士、举人任教，跪求贫寒人家送子上学。当年招生 50 余名，分蒙班和经班，不收学费，经费从武训置办的学田中支出。每逢开学时，武训先拜教师，次拜学生。他置宴招待教师，请当地绅士相陪，而自己站在门外，专候磕头进菜，待宴罢吃些残渣剩羹即去。平时，他常来义塾探视，对勤于教事的塾师，叩跪感谢。

有一个冬夜，某教师起夜，推开门看见雪地里似乎有个跪着的身影，遂走过去察看，发现竟是武训先生。教师拉他不起，直到发誓再也不偷懒武训才起身。而对贪玩、不认真学习的学生，武训同样下跪泣劝："读书不用功，回家无脸见父兄。"在武训的感召下，义塾师生无不严守学规，努力上进。

马丁·路德·金有句名言：不择手段达最高道德。

自己选择的路，跪着也要走完。

为教育终生不娶

1890 年，武训又在今属临清市的杨二庄兴办了第二所义学。1896 年，武训再靠行乞积蓄，并求得临清官绅资助，于临清御史巷办起第三所义学，取名"御史巷义塾"（今临清武训实验小学）。

武训一心一意兴办义学，为免妻室之累，一生不娶妻，不置家。

有人劝他娶妻，他唱道："不娶妻，不生子，修个义学才无私。"

"人生七十古来稀，五十三岁不娶妻。亲戚朋友断个净，临死落个义学症。"

其兄长亲友多次求取资助，他毫不理顾，唱道："不顾亲，不顾故，义学我修好几处。"

人们称他患了"义学症"。

献给武训的诗

某年 9 月 10 日，我过生日，再读武训，依然内心酸楚，热泪长流，禁不住为他写了一首诗。

武训，今早赚我大把眼泪/这位一生行乞的流浪汉/长我几岁。蓬头垢面/酸涩的声音穿透寒风/饱满的阳光滚落大地/黄马褂与功德牌坊/都抵不上那颗燃烧的头颅/屈辱、伤痛就像馊了的糠菜团子/吞下去却有蜜的味道/让穷人的孩子也能读书/你就是个穷人/却又是天下最富有的人/如果不是这样/你凭什么办三处义学/武训，今早我叫您一声先生/给您下跪，恳求您带上我/在我生日这天，一起行乞

如武训这样怀有大使命的人，大抵都有非凡的人生经历，"自古雄才多磨难""英雄末路"，有多大的使命就意味着有多大的磨难。古人说，"能受天磨真铁汉"，文天祥有诗，"天下惟豪杰，神仙立地成"，既然躲不过去，那就开怀笑纳，视苦难为蜜糖，视羞辱为清凉。好你个武训！

一秒知见

接下来解读"角色与关系"，就是古人说的"伦理"。今人的生活的确是进化了，长江后浪推前浪，而在某些领域与古人比像个白痴。除时代的盲区外，人类还存在自身的局限，好比猪不能飞是因为缺少翅膀。今人可借助飞船登上月球，可兰州姑娘杨小姐无论如何都闯不进刘德华心里。所以，真正充满奥秘的不是宇宙，而是人心，人心莫测，人类对自身的认识还处在襁褓期，宇宙很老，人类尚幼。地球四十六亿年了，按照二十四小时计算，人类悠久灿烂的文明史，不过仅占一秒，咔嚓一下的工夫，能获取多少高级知识？你傲什么，还想主宰宇宙？

角色即本分

孟子曰：圣人者，人伦之至也。

古训说，道德传家十代以上，耕读传家次之，诗书传家又次之，富贵传家不过三代。古人重视母教，说母是国之母，家之魂，儿女之根。母性柔和，如水随方就圆，处在大地最低的地方，与人无争，长养万物，育栋梁之材。《易经》说，有天地然后有万物，有万物然后有男女，有男女然后有夫妇，有夫妇然后有父子……追根溯源，因而夫妇是人伦之始，造化之基。今天，已经有越来越多的人开始重视家庭关系，真是一种好现象。

我依然要谈到我所主张的"角色学"，角色即本分，本立而道生，我们谈"角色"，仍然是为了立在本位上做好自己，居位不虚位，到位不越位，补位不夺位。

所有的关系都是相对的，叫"相对而生"；本分是绝对的，叫

"绝对而尽"。讲角色，是为了厘清"道"和"理"的区别，它的本质是"圆融关系"。

教师的本位是育人，角色是协助者。

母亲的本位是育儿，角色是协助者。

因而说，好教师要有"妈妈的味道"。当然，教师这个角色肯定与妈妈还有不同：比如对孩子的照顾，妈妈是义务，教师是责任；比如对孩子的教化，教师是义务，妈妈是责任。对立而谈"妈妈是第一任老师"不恰当，也不能把教育统统推给学校，而要老师像妈妈，妈妈像老师，两者合一，尽心尽责。爱是无条件的，否则那只是交易。

爱是什么？

《圣经》中说，爱是恒久忍耐。但真正的爱，一定跨越时空。当下即永恒，哪有恒久感？爱是忍耐说，显然处于一种对立关系。

弗洛姆在《爱的艺术》中这样说：如果我爱他，我应该感到和他一致，而且接受他本来的面目，而不是要求他成为我希望的样子，以便使我能把他当作使用的对象。

站在生命的高度来分析爱，弗洛姆说：生命从其纯生物的角度来看是一个奇迹和秘密，而在人的范围内每个人对自己和对别人都是一个不可解答的秘密。我们试图认识自己，但尽管做了一切努力还是不能真正认识自己；我们试图认识他人，但还是不认识他们，因为我们和他们不是一回事。我们越深入自己生命的深处或另一个人生命的深处，我们离认识生命的目标就越远。尽管如此，我们不能阻止这种深入了解人的灵魂的秘密、了解人的核心，即"自我"的愿望继续存在。

弗洛姆不承认爱是与生俱来的本能，他只说"爱是一种本领，是需要通过后天习得的能力"。如果没有爱他人的能力，如果不能真正谦恭地、勇敢地、真诚地和有纪律地爱他人，那么人们在自己的爱情生活中将永远得不到满足。

德兰则不同，她这样说：我们不要用炸弹和枪炮征服世界，让我们用爱和怜悯。有人问她：为什么有些人对爱是麻木的？她回答，那是因为你爱得还不够。

何谓爱得够？我们举一个关于她的例子。

有一次，她看见路边水沟里躺着一个乞丐，半边脸全是蛆虫，浑身散发着恶臭，她毫不嫌弃地耐心帮他擦洗，并把乞丐带回收养所精心照顾，可这个人终究还是不治身亡，临死之前他这样说，"我活得像条狗，却死得有人的尊严"。

她坚定地说，这个世界缺少的是爱和尊重，而不是面包。

"我请求你们彼此相爱，就像爱你们自己那样！"

她在爱中行走，是"微笑的天使"，她想用爱筑造一座"和平之城"。

这样的爱

有人把《斯托夫人的教育》称为"教育圣经"，书里面讲到的一个故事让我莫名感动，可我又不知道究竟是被什么东西触动了。

我在谈"爱"。她也在谈"爱"。

女儿维尼夫特雷从外面回来，一进门就告诉我说："妈妈，卡特今天被他妈妈揍了一顿。"

卡特是女儿的一个玩伴，平时也是一个很懂事的孩子，我不知道他的母亲为什么突然对孩子动起手来。于是，我便问维尼夫特雷："为什么？卡特平时是一个很乖的孩子啊。"

"是啊，我也这么认为。"女儿看着我说，"可是，他今天把他的妈妈气坏了。"

"为什么，究竟是怎么回事？"

"今天，我们在卡特家玩的时候，谈到了理想，于是卡特的妈妈问卡特长大以后要做什么。卡特说自己以后想当海军，去很远的地方打仗。其实，我很早就知道他想当海军，他在我们面前已经说过很多次了。可是，他的妈妈听完不高兴了，问他：'你长大以后难道就不管我了吗？'卡特说：'我要去打敌人，让妹妹来照顾你吧！'卡特的妈妈又生气又难过，说她简直白养了一个儿子。后来，两个人就吵了起来……"

"妈妈，我想问你一个问题。"说完卡特的事之后，女儿又问我，"你是不是也不希望我长大以后离开你呀？"

当时，我抚摸着女儿的头说："那当然了，世界上所有的妈妈都不希望孩子离开自己，但是，只要你愿意，只要你认为必须去做某件事而不得不离开我，我一定会支持你的。因为妈妈最大的心愿就是让你幸福，只要你幸福，妈妈就高兴。所以，无论你将来走多远，走到哪里，妈妈都会永久祝福你。"

听到我的回答，维尼夫特雷的脸上露出了幸福的笑容，扑进我的怀里："你真是个好妈妈，我想我永远不会离开你的。"

教育真是一件充满了风险的事。

当我们无法走进孩子的心灵，而只局限于生活上的关心和照顾，或许一不小心就会造成情感伤害，给他们带来终生的阴影。

何谓爱与自由
—— 西下池小学的诠释

有一天，李艳丽遇到了一年级（2）班的李歆玙，只见她头戴一顶自制的王冠，身披曳地长纱，在走廊里缓缓前行，好一个尊贵优雅的公主。

李艳丽忍不住叫了她一声："李歆玙。"

李歆玙停了下来。

"我想跟你说几句话，可以吗？"

"现在不行，我要上卫生间了。"李歆玙答道。

"那好吧，你先去吧，待会儿我再找你行吗？"

"行。"

忙碌了一个上午，快放学时李艳丽突然想起了和李歆玙的约定，赶紧跑进一年级（2）班，正好碰到她背着书包准备放学回家，头上的王冠和身上的长纱巾没了。

"李歆玙，我有点事情要找你。"

"好，现在说吧。"

"上午看到你的装扮很特别，我想和你照张相，可以吗？"

"不行，我的那些东西都收起来了，现在要回家了。"

看到自己的校长有些失望，她改口说："要不下午你再找我吧，下午我和你照。"

"不行啊，下午我要去开会。"

"那就明天早上吧，明天早上我们再照。"她干脆地说。

"明天早上也不行，明天还有会呀！"李艳丽无奈地说。

"那我就没有办法了，我现在必须要回家了。"她很坚决地说，然后就和身边的小朋友悠然自得地走了。

其实李歆玛原本是个"问题孩子"。刚入学时她每天至少要与别人打一架，而且自由散漫，想上课就上课，不想上就不上；如果她想，即便是校长办公室，她也会一脚踢开进去，寻摸半天，或抓个苹果，或扯一片花叶，然后若无其事地走掉。

李艳丽说，必须先无条件接纳她，走进她的内心，然后慢慢地用规则来建立她"内在的秩序感"。李艳丽从此称她为"公主"。一段时间后，"公主"有了很大的变化。

面对照相被拒绝，李艳丽这样说，"公主"就是一个有自我的人。她的自我表现在敢于对权威说不，很轻松，没有恐惧和内疚。她的内心很清明，她知道她的选择是什么，也不担心承担选择带来的结果（会让校长失望，抑或可能会失去校长的爱），而与此同时她又是体贴的，看到了别人的感受（提出下午或第二天再拍照），在不能达成共识的时候，依然能坚持说不，坚持自己的选择，这是很多成年人都缺乏的勇气。这样的孩子既能看到自己的存在，也能看到别人的存在，长大后，她就既能让自己有尊严地活着，也能让别人有尊严地活着，这不正是我们成人社会一直追求的高度自主与文明吗？

教育为了什么

如果教育仅仅是为了眼前即刻可得的利益，那我无话可说，但如果教育还能拥抱良知，看到长远的利益，就一定会唾弃应试而选择改革，毕竟这是诞生过孔子和老子的国土。一个重视道德和智慧的民族，会愚蠢到整天乐于在应试教育的便盂里溺死自己的孩子吗？

马斯洛有句名言：在一个高度不足一米五的房间里量身高，所有人都不会超过一米五。中华文明博大精深，只是我们越来越习惯于忘记山巅而安于洞穴自得其乐了。我们必须走出自大而傲慢的盲从和自负，在一场以阴谋支撑的追名逐利大赛中，选择清醒，选择告别，尽早结束"丛林游戏"，不做杨朱，不做犬儒。苏轼诗云：人生到处知何似，应似飞鸿踏雪泥；泥上偶然留指爪，鸿飞那复计东西。

虎爸虎妈训练孩子二十年，夺去孩子二十年的快乐，成就了一时的风光，他们不懂得，二十年之后世界会变。家长的短浅势利以及教育的不当和草率，是造成社会问题的根源。经历了一个个愿望的确立，一个又一个目标的接踵实现，你会发现那些实在不能称为理想，只能被称作欲望，因为它们永远无法让你真正觉悟，只能让你在一个又一个的旋涡里，被名利牵向无底的深渊，离最初的本心、最终的解放和自在越来越远。就像蚊子咬了狮子一口，从此以后就把自己当成了英雄一样虚妄不实，虎爸虎妈的成功，是孩子的失败，是教育和文明的失败。中国几所应试名校的风光无限和课改的黯然神伤，形成了鲜明的对比，这是教育文明的哀痛。教育发生巨变的时代，一定会来临，毛毛虫终将蜕变成飞蛾，飞越大河。

黑格尔说：人类从历史中得到的教训就是从来不记取历史教训。虚云大师高明地说，那是因为疼得不够。

爱不够，疼不够，所以才选择做教育。

一切皆教育

今天拉拉杂杂、天马行空、漫无边际地谈这些，表面上看没有教育，其实处处在说教育，很有点洛克《教育漫话》的味道。

我之所以这样谈，是想把他们从僵化、狭窄的教条主义里引出来，抬眼看看蓝天白云，看看生活社会，然后再低头看看自己的脚尖足印，最后眼睛向内看清自己。其中，涉及中国文化的那部分，不理解时会觉得"博大精深"，悟透了就知道"大道至简"。《道德经》讲，一生二，二生三，三生万物。一天研究一物，格物致知，皓首穷经，可能仍旧百年故纸，但假如万物归一呢，"得一"岂不就是"得万"吗？

本质上连"得"的心都不需要，因为你就是它，"青青翠竹，郁郁黄花皆为般若"，这当然是一种境界，我们暂时达不到，但总可以学着登高远眺吧，或者学着像他们那样去思维，尽可能地去揣摩他们的思想，偶尔心有灵犀、心领神会一回，岂不也快哉乐哉？

我希望大家能读懂我的用意，明白这场讲座，我到底在说什么，目的是什么。

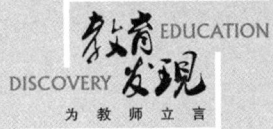

为 教 师 立 言

第四章

"新形态"二讲：
关于"人学"

每个人内心深处都沉睡着一个巨人，
一旦巨人醒来，
任何人都能成为大成就者。

教育与人性

教育的"原点"

上堂课大家可能觉得有些"高深"，听上去像是泛泛而谈。人活在二元世界里，对"有"熟悉，对"空""无"陌生，但以哲学的视角看，有又来自哪里？世界源于无，老子说，万物的本源是无，"天下万物生于有，有生于无"，有无互为背景，是一不是二，光谈有极易一叶障目，见树不见林。不要急，我们需要在"高处点灯"，再一步步向下走，一直到技术层面。人这个身体叫"色"，身体之外还有看不见的部分，比如经络。老外普遍不接受，所谓眼见为实，他们用显微镜也看不见，故有此认知。显微镜看不见感受、思想、意识。看不见的就笼统地称为"精神部分"，佛家因此把人分色法、心法两部分。

何谓"人"？谁能下个最权威的定义？

前文曾说到人类对自身的认识刚刚开始，现存诸多定义，比如人是理性的动物、人是会制造工具的动物、人是政治的动物、人是社会的动物等，都是从个别角度出发，只能说是盲人摸象。苏格拉底说，

"人是寻求意义的动物"。孟子则重视伦理，他认为"人之所以异于禽兽者，几希，庶民去之，君子存之"。他强调人是有道德的动物。庄子则一反所谓常识，认为只有不逞理性、不造工具、不染政治、不入社会、不累人伦的人，才有希望成为至人或真人，"一以己为牛，一以己为马，一以己为蝴蝶"。

认识"人"是教育的起点，"人性"的不确定性造就了分歧，也为教育的探索提供了无比广阔的机会和空间，又有什么不在教育的范畴呢？当我们信奉生活即教育、社会即学校时，那些只会刷题的"狭隘"的人是做不了教师的。

人的"三性"

生于天地之间，人难免有其自然性，所谓吃喝拉撒，食色，性也，但人因其社会性而超越了动物，尽管有些动物也喜欢甚至擅长于群体合作，懂得照顾下一代。一些文学作品，经常刻意描写人"灵与肉"的纠葛，就是来自对这两大属性的观察。但是，如果只是把两性并列或对立，还不足以把握人，因为人既不是天使，也不是魔鬼，而是一个活生生的综合体。

任何一个人，都不可能长时间陷于灵肉分立，总要求得二者的平衡或统一。其奥秘在于，人不仅具有自然性和社会性，还追求二者统一，能使二者统一，并因此而超乎二者之"性"的这个第三属性，姑且名曰"人性"，又叫"人文性""精神性"。正是第三属性作为内在的动力，驱使人以不同形式整合前两种属性。这是上自圣王下至匹夫所经历着的生命真相，大多数人的信仰就是从这里出发的。

有别于"三性"的侧重，诞生了不同的文化和价值观。大致上，西方沿着理性和科学而去，东方向着感性和道德而来，当年"中体西用"思路是对的，东方文化的确需要自信。

也就是在两个世界、两种思想、两种人生、两种教育的抗衡中，诞生了第三种品型和全新的意义。

丛林法则

霍布斯的墓碑上，刻着这样一句话：在他站立的地方没有有神论者的立足之地。

遭人唾弃的霍布斯到底讲了什么？

"霍布斯丛林"是科学家霍布斯设想的一种自然状态，其大概意思是在没有任何固定的框架和秩序的"原始状态"下，人与人之间最好选择弱肉强食的"丛林法则"。

在这种"原始状态"下，每个人的生活都是"贫穷、孤独、肮脏、残忍和短命的"。由此生出极端的竞争法则。在丛林法则下，没有道德，没有怜悯，没有互助，有的只是冷冰冰的食物链和残暴无情、赤裸裸的利益关系。所有人都不关心别人，所有人都不惜牺牲别人以让自己生存，每个人都是其他人的敌人。

简单来说，霍布斯主义就是赢者通吃，强者的天堂，弱者的地狱。

社会义理

没有哪个人是一座孤岛，每个人都天然地生活在社会中，中国人对自身本性的社会认识是经由儒家发掘、墨家发展而形成的。

"为天地立心，为生民立命，为往圣继绝学，为万世开太平"，儒家似乎注重修齐治平、成圣成贤的一面，但他们并不拒绝兽性的一面。照孟子的说法，这社会的一面与自然的一面，都是人的性，也都是天的命；对社会的一面应该强调它是人的性，不可推诿；对自然的一面需要注意有天命，不可任性。儒家还给出了人类社会生活的一个基本模型，即"伦常"，孟子曰："舜明于庶物，察于人伦，由仁义行，非行仁义也。"其对于稳定家庭和社会的确起到了巨大的作用，至今还在发挥着影响。

墨家以为人类唯有社会性，别无其他，主张兼爱交利、节用非乐，摩顶放踵，枯槁不舍。若真像墨子诱导的那样，人人只是社会整体的一颗螺丝钉，放弃个人的所有自然需求，形同槁木，心如死灰，那将不仅为一般的具有自然属性的个人所难以忍受，即使是社会整体，恐怕亦将僵化死寂。于是，有杨朱者，反其道而行，振臂一呼，倡导"为我""全生"，"为我"强调人的个体性，"全生"则强调自然性。

同杨朱一样，庄子也是反对墨家社会性的，但他所倡导的回归自然是另一种哲学新意，简明地说，庄子的自然是非人为的本然、天然。

列子说："人而无义，唯食而已，是鸡狗也。强食靡角，胜者为制，是禽兽也。为鸡狗禽兽矣，而欲人之尊己，不可得也。人不尊己，则危辱及之矣。"

苏格拉底强调，人应当凭借理性正确认识自己，并且在理智活动中确立道德价值和社会生活准则。他就"认识自己"提出了新的观点：认识自己并不是认识人的外表和身体，而是要认识人的灵魂；而认识人的灵魂，不在于认识灵魂的其他方面，而在于认识灵魂的理性部分，只有认识到了灵魂的理性部分，才算真正认识了自己。那么，所谓的"理性"又指什么呢？可以肯定，它不是西方启蒙时代以来的那种"工具理性"，而是一种"价值理性"。更明确地说，是一种道德理性。在苏格拉底看来，人只有接受良好的教育，认识到自己内心的道德理性，才算明白了人之为人的特性，从而为道德培养确立一种人性根据。

柏拉图认为，人灵魂中的理性来源于宇宙灵魂中的理性，只是人的灵魂中的理性的纯洁度较差，属于第二、第三等的理性，这是因为在人的灵魂中，除了理性以外还有感觉、欲望和情绪，这都是由外界的火、气、水、土等因素所造成的混乱。显然，柏拉图所谓的"理性"，也是指道德理性。这种道德理性自然是向善的。柏拉图实际上也是以这种向善的道德理性来界定人性的本质。只不过，柏拉图认为人性中除了这种本质以外，还包含一些诸如感觉、欲望和情绪之类的"杂质"。在《理想国》中，柏拉图指出，正像在国家中有统治者、卫士和工农群众一样，个人的灵魂也有三个部分，即理智、激情和欲望。其中，激情和欲望都是属于非理性的，而理智无疑是理性的，起着领导作用。如果激情与欲望都服从理智的领导而不违反它，那么这三个部分就能和谐相处，这个时候灵魂就处于最佳状态，这就是个人灵魂纯正和健康的表现。

小　结

以上这些，只是简单地给大家做些针对性的介绍。我是在提示，教育的"原点"是人，人具有自然性、社会性和精神性，这是毫无争议的，有争议的是把人割裂开来做教育。霍布斯主义，换种说法即"竞争主义"，是可怕的。老子讨厌这个词，所以主张无争，无争的本意是"为而不争"。我在想，既然大家都意识到了过度竞争的危害，那么我们是否需要反者道动，倡导一下"竞合"呢？所以，接下来希望能在小组文化中，尝试一下"竞合"。

谈竞合

土地也伦理

物竞天择，适者生存，本身无错，它的问题在于有人放大了其残忍的一面，而忽视了相互依存、我中有你的一面。前一段时间读《沙乡年鉴》，我爱死了该书的作者奥尔多·利奥波德，凭借这本书，他开创了一个"土地伦理学"流派，这让我大为震惊。为什么我们讲了两千多年的伦理道德和天人合一，却从未有人能真实地认识到土地是有生命的？正如他自己所说："最初的伦理观念是用以处理人与人之间的关系，后来扩展到处理人与社会的关系。但是，迄今为止还没有一种处理人与土地，以及人与在土地上生长的动物和植物之间的关系的伦理观。"我觉得他让好多人没面子，最该提出这个理论的是中国学者。我好奇我们为什么提不出，为此我在书中寻找。

请读读这段话——

野生的东西在被摒弃之前，一直和风吹日落一样，被认为是极其平常而自然的。现在我们所面临的问题是：一种平静的较高的"生活水准"，是否值得以牺牲自然的、野外的和无拘束的东西为代价。对我们这些少数人来说，能有机会看到大雁比看电视更重要，能有机会看到一朵白头翁花就如同自由一样，是一种不可剥夺的权利。

当我读到下面这段，终于找到了答案，那是因为他就是大地，就是那只白头翁，那棵曲曲菜和那朵浪花。

> 微笑着，去唱生活的歌谣。不要抱怨生活给予了太多的磨难，不必抱怨生命中有太多的曲折。大海如果失去了巨浪的翻滚，就会失去雄浑，沙漠如果失去了飞沙的狂舞，就会失去壮观，人生如果仅去求得两点一线的一帆风顺，生命也就失去了存在的魅力。

我的一位朋友在自己的书里，曾写下这段话：我是大海里的一朵浪花，我是空性中的一个念头，我来，是为了体验痛苦，为了体验孤独，为了找回自己。

这个美国朋友，找到了自己。赫拉克利特说，"我悟透了自己"。

关于"竞合"

接着说竞合。

说竞合，并非有意蔑视竞争，或者否定我们今天生活的这个社会，而是看看是否能淡化一些因自我私欲的膨胀和以物质主义为中心而引发的非理性竞争，营造一种和谐利他和以道德精神为追求的合作共赢。

我们可能无法触及社会这个层面，但是否可以一个班级、一所学校地做个实验？我的预判是，竞合至少可以改变一种局部文化现象，它会改变一个人和一群人的心态、思维、人际关系，进而改变这些人的生活方式。

那么，我们是否可以提出一个"竞合教育"概念呢？

……

竞合其实是在有意削弱彼此的分别心，消除焦虑感和诸多不信任，打通心灵之间的隔膜，它是在试图重建一个"相信"，促进关系的和谐与"融合"。

说"相信"

在我们的全部教育主张里，相信教师、相信学生是核心理念，没有相信，就不会有解放、利用、发展，也就没有整个体系。

相信是这个体系的基石。

关于人性善恶的争论，历史上有多种说法，孟子说性善，荀子说性恶，告子说非善非恶，王阳明说无善无恶……

关于性恶论，韩非子说"皆挟自为之心"，荀子说"今人之性恶，必将待圣王之治、礼义之化，然后始出于治、合于善也"。可见，他们之所以强调礼治，是以"人之性恶"为理论根据的。亚里士多德认为，人性是恶劣的，因为人性中所包含的欲望与兽性是根深蒂固的。所以，他强调要通过有效的教育来引导和节制欲望。这表明亚里士多德的法治思想也是以他的人性论为理论基础。

注意我是说"善恶同体"，因而教育的价值马上就出来了——诱发善，抑制恶。

主张相信，并非源自对人性的信赖，而是始于对教育的信心。

我相信找到了那把钥匙，就一定能把心门打开。

不要怕，只要信，若能信，凡事成。

这把钥匙就是点燃、激励、唤醒。因为我始终相信，每个人内心深处都沉睡着一个巨人，一旦巨人醒来，任何人都可以成为大成就者。

佛陀、老子、孔子，也是"人"成的，不是吗？

教学一体化

长期以来，我们的教学一直处于二元对立状态，"教中心"肯定有问题，因而多年来，我们主张课改，核心正是变"教中心"为"学中心"。

"学中心"是迫于现实的无奈"逼出来"的，是取舍的结果，"舍教取学"。它如同一把切掉肿瘤的手术刀，试想，如果没有肿瘤，要手术刀何用。显而易见，"学中心"是围绕学生主体而设计教学，其基本模式是科学的，自学——展示——反馈，在培养学生的主体行为、自主能力和合作精神方面彰显了压倒性优势，但在张扬学习积极性的同时，削弱了教师的作用，存在资源浪费现象。尽管我们试图强调教师的作用，比如"教师是首席学生"，"是班级第51名学生"，师生是一个"学习共同体"，等等；比如要求教师基于学情精讲点拨，同时注重"反馈"流程中放大和发挥对"问题"的把握、拓展、提升，但是很多人的思维惯性注定了这种强调的无力感，或许这也是它的宿命。

教学一体化肯定是"学中心"的进化，它的问世不是对"学中心"的否定，也不是亡羊补牢的刻意弥补，而是一定阶段的必然进化。我必须说，如果你的教学仍然停留在"教中心"，那你需要过渡到"学中心",刚才只是客观地分析了"学中心"存在的瑕疵,哪一种教学是完美的呢?每一种教学进化都应该是一种完善,也应该是对前一代问题的克服。

教学一体化勉强可以称为"智中心"。其实,一旦说"中心",就带有了"角度",但总要说出来。"智中心"又是针对什么来的?它试图在发展学生的同时,发挥教师的引领作用。圣陶学校的王天民老校长说,"教师一句话,学生三年功"。但是千万别因此非此即彼,否则一下又回到"教中心"也说不定。

是不是我们的思维真的出了问题?

说思维

思维问题

早年间曾读到一本书，叫《中国人的思维批判》，作者是楚渔。该书封面上的两行字很刺眼，"导致中国落后的根本原因是传统的思维模式"，据说这本书是从"解决钱学森之问"而来的。

作者写道："中外学者公认，人类发展进程依次需要经历原始社会、奴隶社会、封建社会、资本主义社会等。西方以荷兰、英国、法国为先，几乎所有国家都只经过一千年左右的封建社会，就过渡到了资本主义社会。而中国两千多年长期停留在封建社会阶段，近千年来还在倒退；直到西方的舰炮轰开国门，才开始有些变化。"

一位国学大师曾谦虚地说："研究《易经》一辈子，也没有搞清楚的人很多，包括我在内，研究了大半辈子，还跟一个初学的人差不多。"楚渔先生据此写道："我的天，搞了大半辈子都搞不明白的学问算什么科学……我们不少的文人其实狗屁学问都没有，即使有点知识，也没有学识，无非是从故纸堆里搜罗一些东西，故作深奥地解释一番，欺骗自己，吓唬别人。"

楚渔先生寄希望于中国人要学会"西方思维"。实际上他可能疏忽了，西方二元思维方式才导致了人与人、人与环境等的对立和"战争状态"，要解决中国式问题，还真的需要中国式思维，能代表中国式思维的是什么？中道！既然前面提到了《易经》，也可以叫"易经思维"。

五种思维模型

点性思维：思维停留在现在，只看到一个点，极为执着、极端，非黑即白，非对即错。

线性思维：注意力通常锁定在事件的线性进程上，眼里只有一个方向，表现为做事踏实，一丝不苟，行事方式较少变通，可以把这种思维笼统叫作"匠人思维"。

面性思维：面是由无数条线组成的，因而拥有这种思维习惯的人较为灵活，自由度大，遇到问题懂得变通，不执迷于对与错，以是否对自己有利为原则，这种思维可以笼统叫作"商人思维"。

立体思维：能够跳出事物看问题，不在具体事情上纠结，俗语常说"旁观者清，当局者迷"，立体思维的人，就是一个"旁观者"，一般能保持中立、客观、冷静的态度，这种思维又可以称为"法官思维"。

空性思维：不执着，四大皆空，随方就圆，也就是方外之人常说的"无我"，这种思维叫"禅师思维"。

不同的思维催生了不同的文化形态。

楚王失弓

我们可以通过一个故事来看看儒道佛三家的不同思维方式。

《孔子家语》载：楚王出游，亡弓，左右请求之。王曰："止，楚王失弓，楚人得之，又何求之!"孔子闻之曰："惜乎其不大也。不曰人遗弓，人得之而已，何必楚也?"这个故事用今天的话来说，大体上是楚王打猎时丢失了一张弓，但他阻止下属去寻找弓，他说："失弓的是楚国人，得弓的也是楚国人，何必去寻找弓呢?"这件事在两方面显示了楚王宽广的胸襟：一方面，楚王不介意失去弓，愿意让另一个楚国人得弓；另一方面，他虽是君王，却不介意让一个臣民得弓，视君王与臣民都是平等的"楚人"。孔子却认为楚王的心胸尚不够宽广，他说："失弓的是人，得弓的也是人，何必计较是不是楚国人得弓呢?"在孔子的心目中，每个人与天下的任何人一样，都是平等的"人"。

再来看道家的说法。

《吕氏春秋》载：荆人有遗弓者，而不肯索，曰："荆人遗之，荆人得之，又何索焉?"孔子闻之曰："去其'荆'而可矣。"老聃闻之曰："去其'人'而可矣。"故老聃则至公矣。

荆就是楚，老聃就是老子。老子听了孔子的说法后，提出了更宽广的说法：失弓，得弓。在老子的心目中，无所谓得与失。

佛家又是另一种说法。

《竹窗随笔》载：

楚王失弓，左右欲求之，王曰："楚人失弓，楚人得之，何必求也。"仲尼曰："惜乎其不广也。胡不曰'人遗弓，人得之，何必楚也'?"大矣哉！楚王固沧海之胸襟，而仲尼实乾坤之度量也。虽然，仲尼姑就楚王言之，而未尽其所欲言也。何也？尚不能忘情于弓也。

进之则王失弓，王犹故也，无失也。假令王复得弓，王犹故也，无得也。虽然，犹未也，尚不能忘情于我也。又进之求其所谓我者，不可得，安求其所谓弓也、人也、楚也？

《竹窗随笔》为莲池大师所作，大师对楚王的"沧海之胸襟"和孔子的"乾坤之度量"都很赞赏，但对他们的说法还觉得言犹未尽。虽然孔子的境界高于楚王，却还"不能忘情于弓"。楚王失弓或得弓，他本身犹如故往，无所谓失或得。这还不够，因为还"不能忘情于我"。连求所谓"我"都不可得，又如何求"弓""人""楚"呢？这是佛家四大皆空的境界。

讲这个故事，我的本意并不是要区分儒道佛谁更高级，而是借此说思维。思维本质上是角度问题。

继续看一则故事——

有一天，药山禅师坐在郊外，那个地方有两棵树，一棵树长得很茂盛，一棵树已经枯萎了。药山禅师先问云岩禅师，说："云岩，你看这两棵树，是茂盛的树好呢，还是枯萎的树好呢？"云岩禅师说："枯萎的树比较美。"药山禅师又问道吾禅师："道吾，你看这两棵树，是茂盛的好呢，还是枯萎的好呢？"道吾说："我看茂盛的好。"两个弟子对两棵树的看法不同。药山禅师又问旁边一位姓高的侍者说："这两棵树究竟是茂盛的好，还是枯萎的好？"侍者回答说："茂盛的由它茂盛，枯萎的由它枯萎。"

后人于是作诗云：云岩寂寂无窠臼，灿烂宗风是道吾；深信高禅知此意，闲行闲坐任荣枯。

这个故事是星云大师讲的，至于"高士"是不是姓高另当别论，但从这首诗能够看出人与人思维的不同。

前面已经讲过五种思维，也举了楚王失弓的不同看法。其实每一种思维都有其价值，有许多科学发明就是得益于点性思维，具有这种思维的人较真执着，不撞南墙不回头，非要搞出个子丑寅卯来不可，这是精神啊；但我们在前面两首关于蝇的诗里，也看到了百年故纸的另一种悲剧。

因而教育要走出二元对立，破解思维困局，不做非此即彼的选择。孔子说"执两端而用其中"，这个"中"是"中庸"；佛家说"无分别曰中"，这就牵扯到思维背后的一大秘密，正是这个秘密在支配作用于思维。这个秘密是什么？是观念。

观念决定着思维方式和思维的内容。

所以，绕这么大一圈就是为了说明"人学"在"新形态教育"中的奠基作用，教育的不同正是取决于观念的不同。

相信与爱

再说"相信"

相信教师（学生）是"新形态教育"最简洁的概括。

《道德经》中曾讲过："上士闻道，勤而行之；中士闻道，若存若亡；下士闻道，大笑之，不笑不足以为道。"这个"笑"字，耐人寻味，这么多年我们一直被人笑，别忙着辩解，如果不被人耻笑，怎么能说你做的教育有意义！

"信为道元功德母"，不信则疑，继而则反。

如果我们对人的相信建立不起来，就不可能激发出人生命里的那种能量，也无法使学校焕发出那种安全、和谐和温暖，我们建构"池塘"，就要相信，相信每一颗种子都能发芽，相信每个生命都是奇迹。

相信就是"爱"，是点燃、激励、唤醒，是欣赏、交托、还给，是我们的教育中一切的一切。当我们面对一件事时，不要急于做出判断，要问自己，"你信吗？""你相信他吗？""你真的相信他吗？"你的坚信就是答案。

有人说，某人不值得相信，我的确不反对这种判断，但是这个如此不值得相信的人，为什么仍然有人相信他？

唯有爱才能换来爱，唯有相信才能换来相信。

假如因为相信而被人骗，那我要告诉你，这是上天对你是否还能坚持信下去的考验，信下去就成了海枯石烂一般的"信念"了。找到了信念，你就成了一个不可战胜的人，人生的秘密恐怕就在这里。

你不能因为社会缺信而世故，你只管走你的路、做你自己，当别人都说你傻时，那你就离木村不远了，这个世界虽然不是"傻子"的世界，但未来肯定属于"傻子"，或许真是唯有"傻子"能如鱼得水，也唯有"傻子"才能成就一番伟大的事业，怕就怕你不"傻"。今天中国社会化的问题，教育的问题，家庭的问题，都是源于"傻子"太少或者说是"聪明人"太多。

不信，就去信信试试！

相信的教育

你们可以尽情想象相信的教育是什么样。

记得以前提到过黄帝的"华胥国"，故事出自《列子》，后世有"黄帝梦游华胥之国，而后天下大治"的典故。

> 昼寝，而梦游于华胥之国。华胥氏之国，在弇州之西，台州之北，不知斯齐国几千万里。盖非舟车足力之所及，神游而已。其国无帅长，自然而已。其民无嗜欲，自然而已。不知乐生，不知恶死，故无夭殇。不知亲己，不知疏物，故无所爱惜。不知背逆，不知向顺，故无利害。都无所爱惜，都无所畏忌。入水不溺，入火不热，斫挞无伤痛，指擿无痟痒。乘空如履实，寝虚若处床。云雾不硋其视，雷霆不乱其听，美恶不滑其心，山谷不踬

其步，神行而已。

据说黄帝即位三十多年，因思天下大治之事，三个月无心治理政事，忽一日梦游到华胥氏之国，见其国上无国君，下无贵贱愚贤之分，人民无所嗜好，既不恋生也不畏死，既无亲疏背向之隔，也无爱憎利害之心，是一个没有人间利害得失的奇妙极乐世界。黄帝醒来，如获养身治国之道。二十八年后，国家大治，差不多同华胥氏之国一样，而黄帝却去世了，百姓因此恸哭不绝。

不知道大家从华胥国看到了什么，我看到的是"相信"，因为相信，才能摒弃法律，没有等级，没有亲疏，没有利害，才能如此"极乐"。

孔子"大同世界"的梦想就是建立在"信"上的，他说："老者安之、朋友信之、少者怀之"；康有为的"大同"也是基于"人人友爱互助，家家安居乐业，不战不乱、无贼无匪的社会"而设计的。

我们创建"新形态学校"就是循着黄帝华胥国的梦境，去开发、留置教育人的一方精神净土，让无数热爱教育的人看到希望，这里没有高低贵贱、蝇营狗苟，没有思想钳制和种种暴力，没有权力纷争和自我私欲……是为了那些心里装着民族和人类的"傻子们"，让他们高贵而自由的心灵得到慰藉。

教育是"国家的雏形"，是"文明的摇篮"，我们毕其一生要追求和缔造的正是这样的教育，这样的教育即相信的教育，相信的教育就是理想国、桃花源、大同世界。

"新形态教育"的基本结构

"新形态教育"的基本结构是四大块，我称之为"四轮驱动"：文化、机制、课程、课堂。

我们说，文化是环境，机制是动力。文化是以相信为基础的，机制是以爱来呈现的。或者这样说，爱是相信的呈现。

我们一起重复三遍：爱是相信的呈现。

而课程和课堂呢，不过是相信和爱的载体。

评价一门课程，评价一堂课的基本标准是什么？

相信和爱是评价的标准。

请大家重复三遍：相信和爱是评价的标准。

如果画成思维导图，这个图的中心就是"人学"，"人学"的两大核心是相信和爱，相信是基础，爱是呈现方式，共同指向"四轮"。每一轮又指向它的结构、核心、呈现。

今天不再做局部细分。这两堂课，我要解决的不是这些，是建构体系，是"高高山顶立"。

下面再通过一个人物来谈"爱"，可能多少要涉及一些"实操"。

安妮·莎利文是谁

不知道大家是否了解海伦·凯勒，她的名著《假如给我三天光明》值得好好读读。我要说的不是这部书，而是海伦·凯勒背后的那个人——安妮·莎利文。海伦·凯勒在《我的老师》这篇文章里，讲到了自己的老师是如何融进她心灵的。

　　我记得有一天早晨，我第一次问"love"这个词。我在花园里找了不少早春的鲜花，我把这些花拿给我的老师。她想吻我一下，但是那时候，除了我母亲以外，我不喜欢别人吻我。莎利文小姐把她的手臂温存地围着我的脖子，在我手上拼了"我爱海伦"。

我问:"'爱'是什么东西?"

她把我拉得更近,用手指着我的心说:"爱就在这里。"她的话使我迷惑不解,因为当时除了手能摸得到的东西,我不能理解任何别的东西。

我闻着她手上的花,一面讲一面打着手势问:"花的香味是'爱'吗?"

"不是。"我的老师说。

我想了一下又问:"温暖的阳光照在我的身上,射向四面八方,这是'爱'吗?"

我认为没有比太阳更美丽的东西,因为它温暖的光能使万物生长。但是莎利文小姐摇摇头。我感到困惑和失望,我想我的老师真怪,为什么不把"爱"拿给我看看,让我摸摸。

大概一天以后,老师要我把大小不同的珠子穿成两颗大珠和三颗小珠相间隔的式样。我穿错了很多,莎利文小姐没有责怪我,而是耐心和蔼地指出我的错误,叫我再仔细地按正确的次序排列珠子。莎利文小姐用手触着我的前额,拼了"think"(思考)。

刹那间,我懂得了事物的名称是在人们的脑子里通过思考产生的。我第一次意识到某些东西不一定都是我的手能摸到的。

我花了很长的时间琢磨"爱"这个词。现在我知道这个词是什么意思了。太阳被云覆盖,下了一场阵雨。忽然云开日出,阳光又带来了南方特有的炎热。

我又问老师:"这是不是'爱'呢?"

老师回答说:"'爱',就像云一样,在太阳出来之前布满天空。"接着她又解释说，"你知道，你不能摸到云，但你会感觉到雨。同样的，你不能摸到'爱'，但是你知道人的温情可以灌注到每一样东西中去。没有爱你就没有欢乐，你就不愿游玩。"

我的脑子里充满了美妙的真理。我感到我的心跟我看不见的东西，跟别人的心，都是紧紧地连接在一起的。

我是通过生活本身开始我的学习生涯的。起初，我只是个有可能学习的毛坯，是我的老师开了我的眼界，使我这块毛坯有可能发展进步。她一来到我的身边，就给我带来爱，带来欢乐，给我的生活增添绚丽的色彩。她把一切事物的美展现在我的面前。她总是设法使我生活得充实、美满和有价值。

教育从生活开始

我们来分析一下莎利文老师是如何教会一个盲童何谓"爱"的。背诵记住爱的定义可以吗？

这可能能让学生在考试中获得高分，然而学生仍可能一头雾水。穿珠子和"爱"有什么关联呢，为什么莎利文老师要让海伦亲自动手，海伦体验到了什么？莎利文老师面对海伦的"错误"，为什么没有急着"纠错"，而是在她的脑门上，写了"思考"这个词语？海伦明白了什么？

海伦明白的东西和"爱"好像没有什么关系，却成为理解"爱"的重要思维路径。或者说，海伦突然把自己的思维打开了，她理解了那些仅仅靠老师讲、自己背而不能解决的问题。经由这种思维路径，莎利文老师才解释说："'爱'，就像云一样，在太阳出来之前布满天空。"接着她又解释说，"你知道，你不能摸到云，但你会感觉到雨。

同样的，你不能摸到'爱'，但是你知道人的温情可以灌注到每一样东西中去。没有爱你就没有欢乐，你就不愿游玩。"

多年课改，我们被问到最多的是这样一句话：教师可以讲吗？

现在我可以明确地告诉大家：教师在课堂上可以讲，但最好是像莎利文老师那样讲。

莎利文老师讲的是什么，她为什么非要让海伦经历了那个体验和思考之后，才给她做出解释？

爱——云——雨——爱——快乐、游玩，绕了这么一圈，有必要如此麻烦吗？

这样讲的效果如何？

海伦说：

> 我的脑子里充满了美妙的真理。我感到我的心跟我看不见的东西，跟别人的心，都是紧紧地连接在一起的。
>
> 我是通过生活本身开始我的学习生涯的。起初，我只是个有可能学习的毛坯，是我的老师开了我的眼界，使我这块毛坯有可能发展进步。她一来到我的身边，就给我带来爱，带来欢乐，给我的生活增添绚丽的色彩。她把一切事物的美展现在我的面前。她总是设法使我生活得充实、美满和有价值。

海伦其实已经揭示了莎利文的方法——通过生活本身开始。

海伦不理解爱，也看不见云，她摸不到爱，也摸不到云，莎利文正是用这种类比法，把爱引申到海伦的下一个生活经验里去，她说，你摸不到云，但能感知到雨。她巧妙地借助"感知"，让海伦一点点贴近对"爱"的理解。你能感知到雨，并且知道雨能渗透于地下、滋润万物，那么爱也如此，像雨一样"能灌注到每一样东西中去"，有了这种东西，你才能快乐、愿意玩耍。

这节课，莎利文老师恐怕还不只是让海伦体悟到何谓"爱"，正如海伦在结尾所说的："她一来到我的身边，就给我带来爱，带来欢乐，给我的生活增添绚丽的色彩。她把一切事物的美展现在我的面前。她总是设法使我生活得充实、美满和有价值。"

没有爱就没有快乐，没有爱就不愿意游玩！

莎利文教育法

通过以上分析，我们把莎利文的"教育法"总结如下——

教育观：从生活开始。

教学目标：使学生生活充实、美满和有价值。

流程：1. 体验和感受；2. 归类讲解；3. 学生呈现理解、掌握；4. 回到生活。

有人反模式不反流程，其实两者是一回事。没有模式就没有教学，没有一切，谁能脱离模式，起居安排、上班路线等，都是模式。

不经"模"不成佛。

但我不否认教学里有艺术，莎利文老师"从生活开始"就是艺术。

想"艺术"一下的老师们，也应该从生活开始。

"人学"是什么

蓬生麻中，不扶而直。

基于对生命的基本认识，"人学"认为，每个人都善恶同体，教育巨大的影响力正体现在诱善抑恶上，据此说，教育即诱善抑恶。

"人学"认为，生命存在两种状态，即迷寐和觉悟，据此说，教育即使人觉。

"人学"认为，每个人内心深处都沉睡着一个巨人，一旦巨人醒来，任何人都能成为大成就者，据此说，教育即唤醒。

"人学"认为，每个人都是一朵玫瑰花，有不同的花期，最迟开的那朵一样美丽，据此说，差异不是差生，要始终欣赏，有祖父的眼神、妈妈的味道。

"人学"认为，无论我们的愿望多么强烈，都无法让自己的手和脚开出苹果花，能开出苹果花的是苹果树，苹果树才是主角，据此说，教师即协助。

"人学"认为，好教育是一方池塘，学校教育是为师生成长提供爱的环境，爱是最高师德，没有爱就没有教育，据此说，让每个生命笑着生长。

"人学"认为，教育不是"给学生一桶水"而是"点燃火焰"，主张去掉"红叉号思维"，摒弃"捉虫子行为"，据此说，木村是代言人。

"人学"的使命是发现儿童和发展儿童，人是起点，也是终点，据此说，要创建"儿童学"。

"人学"的核心理念是相信教师、解放教师、利用教师、发展教师，主张"三主"（发展主体、活动主角、生活主人）和"三还"（把生活还给教师，把发展还给教师，把学校还给教师），据此说，要创建"教师学"。

"人学"的教育目标是"学生三个一"（一个好习惯、一种好品质、一份好成绩）、"教师三个一"（一张笑脸、一颗爱心、一身正气），据此说，教育的本质是"自我教育"。

犹太人的"第一课"

我们为什么要倡导"人学"，不断倡导树立观念、创建文化、改造环境、设置课程、改革课堂，是为了服务于儿童的生命成长，体现出对儿童的发现和发展。

教育始于对人的情感和态度，全世界公认犹太人重视教育，可他们的重教与我们截然不同。

犹太儿童启蒙第一课，是非常隆重庄严的。家长会给孩子穿上最漂亮的衣服，然后全家出动，把孩子送进学校。孩子走进教室时，教师会给每个孩子发一张干干净净的石板，石板上写着一句简单的《圣经》文句。这句简单的文句是用蜂蜜特意写上去的，孩子们一边跟着老师诵读，一边用手指头蘸着蜂蜜舔食，这节课就这样在"甜蜜"中结束了。然后，老师还会请孩子们吃蜜糕、苹果、桃子等，每个孩子的小脸上都荡漾着幸福，他们会觉得上学如此有趣，犹太儿童就是在这样的感受中热爱上读书的。

而我们的第一课呢？是"杀威棒"，告诉儿童是学生了，就要有学生的样子，要坐姿端正、上课举手、不准说话、不准开小差、不准去厕所、不准哭鼻子，认真听讲、按时写作业、迟到罚站、违反纪律接受惩戒……我们就是这样用"第一课"为儿童播下了恐惧的种子，以此彰显教育的"尊严"，让孩子们从此畏惧上学。

我疑惑"尊严"，尤其是"让教育有尊严"，它似乎很能讨得某些人的欢心，"让教育有尊严"是在说教育没尊严吗？或者说尊严是"让"出来的？

恐吓儿童，让其畏惧，从此厌学，才能让教育有尊严？假如你借此保全了教育的尊严，那儿童的尊严呢？

多年前，我去采访洛阳西下池小学的校长李艳丽，印象极为深刻。他们的第一课是围绕"安全感"来进行的，老师带领学生认识其他小朋友，认识自己的老师，熟悉每天生活学习的环境，带学生去厕所、去餐厅、去校长和老师们的办公室，去各种好玩的功能室，他们的孩子就此喜欢上学校生活。

在李艳丽的办公室，时不时会有孩子敲门进来跟她说话，他们对校长没有畏惧感。西下池小学没有一些学校的那种"规矩"，但他们会引领孩子去发现"规则"。这背后的不同，决定了你所做的是不是教育。西下池小学的理念是"爱和自由"，孩子们在爱和自由的环境中，怎么会厌学呢？西下池小学有位小朋友，经常头顶王冠，穿着曳地长裙，手里举着王杖满校园里转，李艳丽看见她，不仅不批评，反而夸赞她漂亮。他们准许每个孩子有自由展示自己的权利，准许不做操甚至不上课，准许表达自己的情绪……这不得了！李艳丽现在已经是西下池区教体局局长了，在我心目中她是了不起的教育家，因为她"认识儿童"。

我们口口声声说要尊重儿童，你知道儿童究竟有什么权利吗？

在 20 世纪 60 年代，日本教育就出台了《儿童宪章》，明确规定了儿童的十二项权利；1990 年联合国出台了《儿童权利公约》，中国也是签约国。除了生存权、受保护权和发展权，在当今学校教育中，我认为儿童至少还需要具有七项权利，即了解的权利、被了解的权利、与众不同的权利、做儿童的权利、体验成功的权利、表达情绪的权利、拒绝的权利。

我们之所以谈这些，是希望坚守住底线：不与儿童为敌。

建勋务必做好每个教师的"第一课"。

爱孩子其实就是在爱自己，发现儿童就是在发现自己，发展儿童就是在发展自己。

第五章

"新形态"三讲：
建勋明志，教育报国

没有一个人是孤岛。

把地球交给孩子，把微笑还给人类。

我所希望的正是你所梦想的。

教育之殇

走出"洞穴"

施行不同的教育会怎么样？

且看柏拉图的"洞穴之喻"——

设想在地下洞穴里，有一批自小待在那里的囚徒，他们的手脚被铁链绑缚着，头不能动弹，只能看到对面墙壁上的影子。假如在他们身后的平台上有一堆火，火光透过各种物体把它们的影子投射在墙壁上，那么囚徒们肯定认为那些影子是唯一真实的事物。如果某一天他们中的一个人，转过头来看见了火光和物体，他就会生出怀疑、困惑、痛苦。再进一步，如果有一个人钻出了洞穴，站在外面的阳光下，他就会头晕目眩甚至愤怒、发火，接着他看到了水中倒影、真实的物体和天上的太阳，他会怜悯他的那些同伴，并会想办法帮他们走出洞穴。

千百年来，有无数人试图这样来解读这个隐喻：洞穴代表黑暗、愚昧，太阳象征着善的理念，囚徒代表大众，走出洞穴的那个人代表最先觉悟的哲学家或者柏拉图本人。

这个隐喻的潜台词还有很多，比如，大众是被人为束缚着的囚徒，他们看不到真相，听到的只是些"回声"，久而久之，因为长期生活在洞穴里，他们已经习惯和依赖洞穴了，并不认为眼前那些幻象是不真实的，所以会固执地相信"眼见为实"，这样他们便与真理无缘。

让人恐惧的地方在于：假如那个最早出去又返回来的人，向他们描绘他所看到的外面的世界，结果会怎么样？"走出洞穴"的人，再"返回来"意味着什么？

"他们"当然会耻笑你胡言乱语、神经错乱，会因为你动摇了他们的信仰，轻则辱骂重则杀害你。佛陀当年深受提婆达多的陷害，佛陀的遭遇代表着像他那样的人共同的遭遇。可以说，觉者唤醒大众是充满了冒险、牺牲的，却又是甘愿的，因而我们恭敬佛陀，称颂佛陀。

柏拉图声称囚徒代表了人类的状态，囚徒走出洞穴类似于受教育获得启蒙的过程。

洞穴之喻真是高明至极，仔细想想，不仅能解释教育，也能解释当今世界上的诸多现象，尤其对于后世政治和教育影响甚巨。

你可以做一番延伸思考：找一找，在众多学校里，是否也有这样一个"洞穴"，里面有一批身份不同、年龄不等、一动不敢动的"囚徒"？

即便你做诸如每年都会组织教师出国、学生游学之类的辩解，那也无法证明你所领导的学校不是"洞穴"。

"洞穴"无处不在，有形和无形的，如果你仔细看，而不只是用肉眼看，或许会看到。小到一个念头，大到一种评价，开一场会，分享一个案例，上一节课，读一本书……那些大大小小的"洞穴"，一个套着一个，一个叠着一个，罩着每一个人，也罩着你学校的上空，如阴云不散。

并非所有人都渴望阳光，那是因为惧怕眩晕，害怕真相，不见阳光的日子也会被一部分人称为"幸福"，每当提及就痛哭流涕感恩戴德。但我们不能因此尊重他们的选择，甚至给这样的"洞穴"树碑立传，否则教育还有何意义？

教育如何证明是对的？

奥斯维辛之殇

"洞穴式教育"张着可怕的大口，时刻准备着吞噬人类的未来。

历史上曾经有过"斯巴达克斯式"的教育，现在我们把这样的教育统称为"应试教育"。

简直无法想象，斯巴达克斯人是怎样理直气壮地溺死那些不符合标准的活生生的儿童的，望着那样天真无邪的眼神和骤然掠过的一丝恐惧，他们的大手难道没有一点点颤抖吗？同样，也无法理解，某些人是如何自得其乐地迷恋"应试教育"的。

难道我们真的是那些没有远见的"洞穴人"，或者果真患上了斯德哥尔摩综合征？

我们真的轻易就忘记了一些本该记住的灾难和教训？

为什么人类总是在教育上此起彼伏地重复错误？

怎么说呢，这恐怕不只是记性不好，而是另有一种深层次的文化原因，是它在控制着人类的行为，就像电池控制着钟表。

千万不能健忘，大约八十年前，曾有一处叫奥斯维辛集中营的著名"学校"。

为了写这段文字，我查阅了不少资料，其中有一部书不可不提，那就是幸存者、心理学家维克多·弗兰克尔写的《活出生命的意义》。弗兰克尔是犹太人，也是著名心理学家，读他的这部书时我数次泪不能禁，心针扎一样疼痛，耳畔始终有一个声音在呼号，我清楚地知道，这个声音不是从地底下发出来的，而是来自校园上空。

1942年，可怜的弗兰克尔被纳粹关押到曾被称作"死亡工厂"的奥斯维辛集中营，他的父母、哥哥、妻子，不是死于牢狱，就是被送进了毒气室，而他自己也在漫长的囚狱生涯中，遭受了难以想象的身心折磨。重获自由后，仅用了九天他就完成了这本书。

"有集中营的地方，上帝不在。"

集中营内的非人生活把一个个活生生的生命变为一个个冰冷的躯壳，自私、冷酷、凶残，出卖、欺骗、谎言，在没有文明的地方，谎言都是文明的，然而这样的文明也终究被更加赤裸裸的强取豪夺所取代，人作为人的部分，就这样一点点地丧失殆尽，人终于成功地退回到和禽兽别无二致。

读到这里，你会再一次惊叹教育所能显现的巨大的力量，还有谁能说教育是无用的！

然而，在这种极端扭曲的现实中，却依旧有人展现出人性的光辉，这着实让人惊叹。

他们走过一间间屋子安慰别人，把自己的最后一块面包送给他们，作者就是这样的一个人：他带着无私的爱帮助别人，怀着强烈的渴望相信有朝一日能与妻子重逢，并完成自己的心理学著作；他要把真相告诉后人，告诉他们活着就要珍惜自由，珍爱生命。

这种强烈的愿望带给他无穷的力量，支撑着他，终于他死里逃生，成为灾难中为数不多的幸存者。

他不仅超越了那种炼狱般的痛苦，更是将自己的经验与学术相结合，开创了"意义疗法"，帮助人们找到绝处再生的意义，也留下了人性史上最富光彩的见证。

弗兰克尔一生对生命充满了极大的热情，六十七岁时取得了飞行员驾驶执照，八十岁时还攀登了阿尔卑斯山。

弗兰克尔的后半生一直致力于帮助人们寻找生命的意义。他说：

> 人是要主动地去寻找和追求其生命的意义的，无论在任何时候，都需要把磨难当成自己的任务，充分认识到自己的责任，对所爱的人和未竟事业的责任，永远不要抛弃自己的生命，活着就要这样为生命负责，而不仅仅是满足本能和欲望的需求，或者是去适应社会和环境。

但愿我们所有的学校，从不曾带给教师和学生伤害。

奥斯维辛之殇告诉我们今天什么是对的教育，以及如何选择对的教育。

走出"洞穴"和"集中营"，才能看见灿烂的阳光。

华生

美国心理学家华生曾这样说：

> 给我一打健康的儿童，一个由我支配的特殊环境，让我在这个环境里养育他们，我可以担保，任意选择一个，不论他的才能、倾向、爱好如何，也不论他父母的职业和种族如何，我都能

把他们训练成任何一方面的专家：医生、律师、艺术家或者是商界首领、乞丐或盗贼。

这段话充分诠释了华生的环境决定论，他认为环境决定性格，决定行为，进而决定命运。华生的实验的确证明了他的论断。

华生的论断也似乎佐证了中国古时"孟母三迁"择邻而居的英明，"居善地，心善渊"，道家也这么认为，但这是否和华生的实验是同一类问题呢？我先不解释。

实际上古希腊的亚里士多德、法国的孟德斯鸠、德国的黑格尔和拉采尔、美国的森普尔等一大批思想家都认同环境对人的巨大影响。孟德斯鸠甚至以此来解释国家、民族、族群的文化传统、性格和道德面貌的形成，他说："居住在寒带地区的北方人体格健壮魁伟，但不大活泼，较为迟笨，对快乐的感受性很低；居住在热带地区的南方人体格纤细脆弱，但对快乐的感受性较为敏感。北方人精力充沛，自信心强，像青年人一样勇敢，刻苦耐劳，热爱自由；而南方人则心神萎靡，缺乏自信心，如老头子一样懦弱、懒惰，不动脑筋，可以忍受奴役。"

华生著有《婴儿和儿童的心理学关怀》一书，书中有许多著名论点，比如："孩子对爱的需求，源自他对食物的需求，满足了他对食物的需求，就满足了他对爱的需求，所以母亲只需要给宝宝提供足够食物就可以了。母亲不能和孩子过度亲密，过度亲密会阻碍孩子的成长，使孩子在成人后非常依赖母亲，从而难以独立难以成才。"

"要把孩子当作机器一样训练和塑造：得像对待成人那样对待孩子，尽量不要亲吻和拥抱孩子，不要让孩子坐在母亲大腿上，不要轻易地满足孩子，就算孩子哭泣，也决不能心软，以免他们养成依赖父母的恶习……"

华生这套理论在20世纪三四十年代，风靡整个美国，接着又影响了西方多国的教育，后来流行的哭声免疫法、延迟满足法、婴儿独立睡眠法等，其核心思想皆源于此。

现在人们知道华生错了，但他曾深刻影响过世界，当初人们为什么会认可这种错误？被这种理念教育过的儿童什么样？

不，在那个时代他不是错的，反而是最先进、最科学的。事实再一次说明，人们的许多经验，尤其是教育经验其实是盲目的，也是幼稚的。今日我们所推崇的某些教育理念，过五十年如何评判，也不好说。只能说我们并未找到一种最为适合儿童的教育，所谓真理未必是真理，我们甚至可以说，面对儿童，成人可能是无知的，因此教育的探索永远不应停止。

多年之后，现实给予了自信而"正确"的华生一个他最不想要的回应。然而，这一切都是他亲手缔造的。就像我们亲手缔造了今天的学校，缔造了今天的教育和当下的生活，"种瓜得豆"，那只是强迫土地为自己担责。

"不要亲吻和拥抱孩子""不要轻易地满足孩子""就算他哭泣也不能心软"，结果他的实验对象——他自己的三个孩子全得了抑郁症，大儿子自杀身亡，二女儿也多次自杀，小儿子一直流浪，靠他的施舍才能生活。

可悲的华生！

不幸的孩子！

一只"猴子"带给教育的福音

与华生同时代的哈洛另有主张，他批驳华生的观点，源于他的

"恒河猴实验"。这些可怜的猴子啊，总被拿来做科学成果的殉葬品，却因此挽救了儿童，我们应该向猴子致敬。我在想，猴子们有一天，会不会报复性地拿人类做实验，当然前提是大学教授们都是些戴眼镜的斯文猴子，人类极有可能享受小白鼠和恒河猴一样的待遇，到时你也别怨天尤人。

　　哈洛把刚出生的婴猴放进笼中，然后用两个假猴子代替母猴。一个假猴是用铁丝做的，胸前安装了一个奶瓶，可以二十四小时提供奶水。另一个假猴是用绒布做的，摸起来比较舒适和柔软。按照华生"有奶就是娘"的理论——孩子对爱的需求，源自他对食物的需求，满足了他对食物的需求，就满足了他对爱的需求，婴猴一定会依恋"铁丝妈妈"。但实验结果出人意料，所有参与实验的婴猴，都选择了没有奶瓶的"绒布妈妈"。几乎所有时间，小猴都挂在"绒布妈妈"身上，实在饥饿难耐时，它才会跑到"铁丝妈妈"那里吃奶，但只要一吃饱，它就会迅速回到"绒布妈妈"怀里。有的小猴甚至饿了也不愿过去，它们把身子挂在"绒布妈妈"身上，只把头探到"铁丝妈妈"那边吃奶。

　　接下来，哈洛搞了个恶作剧。他制作了一些发条玩具，比如恐怖的大蜘蛛、会敲鼓的小熊等，然后将这些东西放进笼子里。

　　小猴害怕极了，立即奔过去抱住"绒布妈妈"，趴在她怀里，才慢慢地安静下来。

　　哈洛又将"绒布妈妈"移到另一个房间，然后用发条玩具继续恐吓，小猴更加害怕了，但即使再害怕，它也不奔向"铁丝妈妈"，而是眼巴巴地望着隔壁房间的"绒布妈妈"。

如果没有"绒布妈妈"，小猴子就蹲在地上，缩成一团，战栗、吃手指、摇摆、尖叫，像极了精神病院里的病人。

根据这个实验，哈洛提出了一个著名论断：爱源于接触，而非食物。接触所带来的安慰感，是母爱最重要的元素。

但是，这批由"绒布妈妈"养育的猴子，长大后却出现了一系列问题：孤僻、抑郁和自闭。有的还出现了自残和攻击行为，对周围的一切都抱有敌意，不能和其他猴子一起玩耍。

哈洛很好奇，这样的猴子具备养育后代的能力吗？

于是他又做了一个繁殖实验。他发现：所有公猴都失去了寻偶和交配能力；而母猴呢，也根本不愿交配。即便是把经验丰富的公猴放进去，母猴们也会拼死抵抗。

他据此写道：只有奶水，人类绝对活不久。

后来，哈洛发明了一个"强暴架"，强行让猴子们交配，这工具果然管用，二十只母猴受孕产下了幼猴。但他发现：这二十只母猴中，有七只脐带剪断后便不再理睬孩子，有八只经常暴力殴打和虐待孩子，有四只更是残忍地杀死了孩子，只有一只笨拙地尝试给孩子喂奶。也就是说：它们几乎都丧失了养育后代的能力。

哈洛想，问题出在哪里呢？

于是他接着又做了一个摇摆实验。

他重新改造了"绒布妈妈"，让它可以活动摇摆，然后把一批婴猴放了进去，让可以摇摆的绒布妈妈"养育"它们，并保证婴猴每天有半小时的时间和真正的猴子一起玩耍。结果很理想，这样哺育长大的猴子，成年后基本正常。

哈洛说："只给食物和拥抱，不给孩子充足的运动和玩耍，脑部控制运动和平衡的感官系统，与触觉及运动相连的情感系统等，都会受到非常大的影响，也就是说，脑功能会失常，表现为暴力、幻觉以及精神分裂。"哈洛用这个实验解释了为什么婴儿喜欢父母轻轻摇晃、为什么婴儿喜欢有人逗他玩耍等现象。

1958 年，美国心理学会年会上，哈洛被邀请做了一个著名的演讲，演讲的题目叫"母爱的本质"。他说："爱存在三个变量：触摸、运动、玩耍。如果你能提供这三个变量，那就能满足一个灵长类动物的全部需要。"演讲震动了整个美国，也推动了世界范围内新的教育行为的变化和发展，似乎在一夜之间，华生崩塌，哈洛崛起。

哈洛的理论得到了很多验证。比如在二战时，许多婴儿被送到了孤儿院。尽管孤儿院给予了足够的温饱保障，但大部分婴儿还是去世了。只有一个孤儿院除外，于是有人偷偷前去调查，结果发现这里的一位修女每天晚上值班时，都会抱起一个个婴儿温柔地轻抚和按摩。

斯皮茨在《医院制度》一书里，记录下了德国皇帝腓特烈二世做过的一个残酷实验，那些刚出生的婴儿被从父母身边带走，然后由护工专门喂养，只给予充足的食物，没有任何情感互动，结果这些婴儿全都死掉了。斯皮茨说："那些仅仅获得食物给养的弃婴，由于没能获得养育者的触摸和情感互动，会变得异常安静、孤僻和忧郁，很多婴儿不到一周岁就死亡了，一部分婴儿虽然活了下来，但难以像正常孩子那样发育，甚至不能坐、立和交谈。"

为了继续探索母爱缺失可能引发的问题，哈洛又做了一个实验：长期缺母实验。

一群小婴猴出生后，哈洛不让它们和任何假妈妈接触，让它们孤独地待在笼子里，只是定时地给予食物。这样生活八个月之后，哈洛将它们放进了拥有"绒布妈妈"和"铁丝妈妈"的房间。结果当可怕的发条玩具出现时,它们不会奔向任何一个妈妈,因为它们从来没有跟妈妈相处的经历。它们大都抱着自己,摇摆身子、瘫倒在地,然后发出绝望的尖叫声。而更可怕的是,这些小猴长大后,完全无法融入猴群,非常胆小、非常惧怕其他猴子,同时,出现了非常严重的自残行为。当其他猴子欺负它们时,它们就开始自残,撕扯自己的毛,咬自己的胳膊和腿。

最后,哈洛做了一个非常残忍的实验,这个实验叫"绝望之井"。

哈洛制造了一个个漏斗形的小黑屋,让小猴们头部朝下吊了两年,底部有个容器可以获取食物。刚开始的时候,小猴会不断顺着峭壁往上爬,但发现无法逃离后,便孤独绝望地安静下来。两年后将小猴放出来时,它们已经得了重度抑郁症。

哈洛由此得出结论:从这些小猴身上,我看到了人类最惨重的精神疾病是怎么来的。"对灵长类动物来说,早期严重而持久的孤立,会导致心理残伤和死亡,这种影响直至终生。"

哈洛接下来的话太重要了,我希望中国的每一位母亲、教师、儿童问题专家甚至社会学家都能读到:儿童的攻击性并非天生,而是因无回应的绝境而生。严重缺乏回应的婴儿,内心会产生两种激烈情绪:第一,绝望,认为爱不存在;第二,仇恨,想毁了整个世界。

哈洛的恒河猴代母实验,揭示了许多儿童行为和教育问题,被誉为"20 世纪最伟大的心理学实验"。

"皮肤饥饿"是真的吗?

后来我在阅读斯宾塞时惊奇地发现,他竟然和哈洛的观点如出一辙。

斯宾塞说：事实证明，如果对孩子多一些拥抱和抚摸，有时候甚至是亲昵地拍打几下，孩子在对外交往以及智力、情感上都会更健康。他据此认为：拥抱、抚摸、牵手，也是教育的一部分。

请大家注意一下下面这个实验。

这个实验的价值非常巨大，当然我是针对那些"死气沉沉"的学校而言。

曾经多次遇到校长问我，我们也搞学生主体的课堂，也把学习还给学生，也搞分组合作，为什么我们的学生总是无法像杜郎口的那样欢实？

以下这段文字就是写给有这些问题的学校的。

镇子上有一家孤儿院，院长发现孩子们似乎得了一种"奇怪的病"：他们目光呆滞，没有兴趣到游艺室玩，食欲不振，偶尔还发出长长的叹息。院长请来了医生，可医生也没有办法。

无奈之下，院长请来了斯宾塞。他来到孤儿院，看到孩子们的情景，痛心地说，孩子们的沉默"让我揪心"，就像阳台上的雏菊一样，因为长期没有浇水，已经慢慢枯萎了。

于是，他想到了一个好办法：请来了一帮十几岁的女孩子来和他们玩耍。

他接着写道：

这些女孩子的到来使孤儿院的气氛一下改变了，她们大声地笑、闹，把那些孤儿抱起来，亲吻、拥抱、抚摸，沉闷的孤儿院像飞进了一群漂亮的天使。就这样，她们每天下午都来待上半小时，周末待的时间更长。

不久，奇迹发生了。孤儿院的孩子们活跃起来了，有的还像风一样绕着院子里的白杨树跑，他们眼睛发亮，食欲增加，身体明显好转。

院长很好奇地问：为什么你想到了这个法子？

我告诉他说：你记得《圣经》里的一句话吗，一个父亲追赶自己的儿子，追呀追呀，拼命地搂住孩子的脖颈亲吻。院长似乎明白了，又问，孩子们得的是什么病？

"皮肤饥饿"，这种需求是食物无法满足的，他们需要的是爱抚。如果孩子长期得不到这种满足，就会发育不良，智力衰退，慢慢变得迟钝。

我当然不是建议每个学校都去请一群女孩子来，这不现实，也不符合我们的国情。我是想说，你是否通过这个实验受到了一点启发，教师是否可以或者建议母亲、建议同性同学之间牵牵手、多一点亲人那样的拥抱呢？如果连这也做不到，也没关系，那就拉近与孩子们的距离，多关爱学生一点，让他们能感受到这样的关爱。

小斯宾塞就是在这样的"爱的环境"中长大的，正如斯宾塞所说，"我承认小斯宾塞不是一个神童，但他所取得的成就比任何一个神童都要大，而且，他是幸福的。"为什么会这样？小斯宾塞家的邻居作了解密，他说，别人家都是在哭声和辱骂中种土豆，只有他家，"在快乐中种金子"。

我们也要在校园里"种金子"。

这种"金子"，能医治儿童的精神"饥饿"。

来，我们一起"种金子"！

教育之本

教育是不是农业

自从一见桃花后，直至如今更不疑。

与其说今天的教育是在改革，不如说是在回归本来。

本来在哪里？在没有"教育"，能融入进大自然的慈爱、平等之前。

那时候的教育既没有院墙，也没有课程，教学就是聊天，聊的话题是"天"。至于慢慢地从"天上"聊到了"地上"，那是很久以后的事了，到了今天，又从"地上"聊到"卷面"，都说人往高处走，可教育却在下移。

生活肯定不是发生在纸上，生命更不是只有读书。那些信奉书中自有黄金屋、书中自有颜如玉的人，为什么不索性住进纸里去？住进纸里的只有一种生物，叫书虱，"无翅而肉眼可见，雌虫能自行繁殖"，纵然有十亿、一百亿、一千亿、一万亿只这样的书虱，始终络绎不绝，浩浩荡荡在书本、钱币和地球上滑来滑去，拥来攘去，也不过仅此而已，还能如何？

教育要发生在生活里，就得从书本上重新下来，变成"种子"，播进土壤里，长成希望。

有人说教育是农业，但遗憾的是，福冈正信却很不认同，读他的《自然农法》《一根稻草的革命》，你也会为现代农业而忧心，忧虑人类是否还有未来。蕾切尔·卡森的《寂静的春天》会加大你这方面的感受，这本书写尽对农业的控诉：现在的春天果然是死寂的，那些我们肉眼看得见和看不见的生命，早就不复存在了。因此教育是农业，单纯就"技术"说说可以，在本质上却值得商榷，用李镇西的话说，它就是个比喻。

最近有一本美国人富兰克林·H. 金著的《四千年农夫》，谈的是中国、日本和朝鲜的永续农业问题。在说到中国农业时，他忧心忡忡地说：

> 中国本来是东亚原住民国家，但又不实行"东亚模式"，而试图效仿殖民化的美澳农场模式，这将是一个"战略错误"。
>
> 世界万年农业文明史，农业从来不是"产业"。"产业化思维"造成了农业对资源环境的严重破坏……中国调整的农业产业化，拉长了产业链，虽然可以产生一定的受益，但即使是在美国，农民受益也不过 10%，而在中国恐怕 8% 也不到。

他建议说，中国农业的出路还是得回到"社会化生态农业"上，这本就是中华文明传承之载体，中国能否从积聚财富和权力的激情中回归，从往昔重视人性和智慧为先的可持续性农业经济中寻找灵感，探索能真正融合经济发展和环境保护的另类发展模式呢？这一设想实现的前提是要学会保护自然资源"第一课"，未来要探讨的是"一种充满活力"、富有"发展意义、教育意义、社会意义"的农业。

这些语句简直震惊了我。"充满活力"、富有"发展意义、教育意义、社会意义"的农业还是农业吗?我一遍遍品味着,我在想,这样的农业将有着怎样的未来?

然而,当被畅想的农业即将体现出"教育意义"时,对教育自身教育性的要求便不言而喻。

难道有一天,教育真的要向农业学习吗,那农业又该拜谁为师?

教育,任重而道远。

在校园里"种金子"

好的教育如金子一般金贵。

就像远行的旅人看见了灯火,教育带给人的温暖和光明,无疑拯救了一个濒危的梦想。我同情民办举学者的难处,心疼他们那些不必要却又无比重要的付出,每天都要与各色人等打交道,这些非教育的工作恰恰成为影响教育的最重要的因素,每每看着他们酸甜苦辣地疲于奔命,我内心都有难以名状的酸楚,同时又十分佩服,他们依然在坚守教育中最为宝贵的部分。

好的民办学校尽管形态各异,但大致说来,都遵循如下基本的理念:

第一,懂孩子。以"儿童学"的建构为完整教育体系的基础。当下教育对教师的主要要求是研究课程、教材、考试,当然还有一些其他要求,如具备一些绘画、舞蹈、主持、书法等的才艺技能等,而恰恰对儿童作为"人"之发现和认识不够。同时,大多数学校尽管认识到了儿童的差异性,却因种种原因而无法真正体现出"个性化"发展的特征，对"爱"的理解基本停留在控制、替代上。一所不懂孩子的学校，难言何谓"爱"。

第二，挖池塘。儿童是"种子"，种子的发芽无外乎两大条件，一是外因，一是内因。所谓外因是指阳光、土壤、温度、湿度云云；内因梭罗称之为"种子的信仰"，又有人称为"儿童的心性"。外因就是教育界常说的学校文化，我认为学校文化最核心的有两点：关系和环境。我说的关系仍旧更多地指向于"人"，师生关系、师师关系、生生关系，和家庭中的亲密关系、亲子关系类似；环境是指向于一个"爱的环境"，有什么样的学校就有什么样的教育，有什么样的教育就有什么样的教师和儿童，与其说是挖池塘，不如说是在尽一切所能为儿童提供成长的环境。

第三，圆天性。借用"种子的信仰""心性"这些词语，不过是在试图区分和强调教育直指"心育"。儿童必然是"自己的主人"，他也必然要成为"自己的父母"，在生活体验中不断发现和完善自己，他的德、慧、智部分决定着他的生命品质，但这些却恰恰是"不可教"的。如果要说出教师或者教育的作用，那一定体现在对其思想的启蒙、道德的规范与精神的生发上，单纯靠"教"可能显得绵软无力，《吕氏春秋》曰"不教之教，无言之诏"。

"不教而教"让人联想到孔子的"不教而诛"，以及《颜氏家训》的名句"上智不教而成，下愚虽教无道"。后世对于"不教"有着争议，我们主张"不教"，是想寻找另一种非灌输式的教育，因为教育终究还是一种生命的互通、互动、互生。这仍然取决于对儿童的认知——他们是一张白纸等待着描绘还是天性具足等待着发芽？究竟是"协助"还是"管教"？近年来，有一种理论提出要"正面管教"，"不惩罚、不娇纵，和善而坚定""呵护儿童的兴趣，确保儿童得到爱"等等，这实际上已经不是传统的管教概念了。

一所有生命感的学校，会在三个方面做出努力：它是一所懂得孩子的学校；它会给孩子一方"爱的环境"；它唤醒种子的信仰。如果仍需要特别强调点什么，那只需要说一句话，你得首先把人当人，至少不能"反儿童"，也不能顾此失彼走向另一个极端"反教师"。

问学校是谁的，好比是问孩子们家是谁的，是他的也非他的，是他和爸妈共同的，由此才能称为"家"。让教师以校为家和让学生热爱学习一样看起来很美，关键是他们凭什么爱得起来，那个叫学校或者学习的"怪物"让他反感，他爱得深沉和义无反顾会是真的吗？除非迫于某种需要，有人喜欢听并且这样说了会得到好处，但仍然无法让另一些人也这样去做，他辞了职退了学又能咋的，世界这么大，难道只有这一棵树？

对于大多数学校而言，师生流失是灾难，因此有学校会把这和教师的收入挂钩，这或许果真能英明地调动老师的积极性，但一所崇尚自由的学校，肯定不会痴迷于这类"鬼谷子"妙招。因为横亘在它和教师之间的，绝对不只是金钱关系，就像维系夫妻关系的不只是共同的儿女，靠金钱维系的关系里，找不到相对纯净的爱情，也找不到真正的教育。人皆需要吃饭，吃饭是为了生活，生活不是为了吃饭，如果不是这样，武训就没必要终生行乞了，他眼里的窝窝头，既是建学堂的砖瓦，更是琅琅的读书声。

五方"池塘"

"人生道路虽然漫长，关键处常常只有几步"，教育亦如是。

之所以苦口婆心、翻来覆去、不厌其烦地谈论"儿童"，重复教育最大的课程是"儿童学"，是因为教育始自儿童。仔细想想，这个世界上哪个人不是儿童变的？《易经》乾卦讲龙成长的六个过程，从"潜龙勿用"到"亢龙无悔"，就是在诠释人类必然经历的成长变化过程。中国人是"龙的传人"，"变"决定了教育有可乘之机，所以《易经》最初叫《变经》。的确是这样，四季轮回、生老病死、盛衰兴废，哪一个不在变？教育也是一部"变经"，因为无法阻变，才需要研究促变的一系列因缘法，为儿童的成长创造种种条件，而不是把主要精力用在评价结果和对结果的情绪表现上。

我再次强调，教育始于儿童，更始于成人对儿童的认知以及由此产生的情感态度。所有的教育心理学实验，都试图解释成长疑问，期望能帮助儿童，尽管我们总能在实验室看见猴子、小白鼠们悲惨的身影，但心理学家无疑是从爱儿童出发的。多年前，由美苏两大阵营衍生的两种教育之争，可以窥探到教育被操控的某种玄机，选择杜威还是选择凯洛夫，完全不是凭理性和是非标准决定的，这比较复杂。

即便是在美国本土，也存在着两种不同的教育认知观念，所幸那些影响相关决策的人尚具有一定的甄别力，还保留着对儿童的热爱和责任心，而不是只为骗取科研经费或者发表论文，比如华生和哈洛就各自不同。

基于对华生和哈洛实验的比较，建勋认识到，学校教育的根本是为师生创建一个"爱的成长环境"。教育学家斯普朗格说："教育绝非单纯的文化传递，教育之为教育正因它是一个人心灵的唤醒，这是教育的核心所在。"

近年来，在世界各地，一批承载着先进教育理念的"新形态学校"相继问世，它们宝贵的探索带领我们向着认识儿童又靠近了一步，就像当年第一位登上月球的阿姆斯特朗，在跨出太空舱时说出的那句话，"我个人的一小步，是人类的一大步"，成人每向着儿童迈出的一小步，都是认识自我生命的一大步。

儿童是向成人打开的一扇窗口，成人是通过儿童揭示自己的。

与儿童相比，成人的想象和创造是枯竭的，因而儿童不应该成为成人所要求的样子，而恰恰是成人需要从儿童那里回到生命的源头，找到破译成长的密码。在儿童的世界和生命体系里，成年人如果丢失了对儿童的了解，所有的爱都不过是加了蜂蜜的毒药。儿童的无限可能性，带给了人类新的希望，而儿童假如堕落成成人的样子，人类也便从希望的峰顶滚进了波涛汹涌的河谷。

在世界文明史上，成人所制造的每一次浩劫，都是儿童不幸的关口，我们无法让儿童拥有安全和谐的环境，却又虚伪地打着"为了儿童"的旗号。每一天我们都努力地打拼生活，希望带给儿童一个好的环境，却不知儿童最需要的是父母深度的陪伴。什么样漂亮的衣服能抵得上母亲温暖的拥抱，什么样高档的别墅能替代父亲慈爱的眼神？我们制造了儿童成长的悲剧，却又抱怨儿童不听命于自己；我们以为儿童是自己的负担，却忘了当初是如何恳求他来，他是舍弃了天国的生活来陪伴你的；我们惯常于敷衍儿童，而儿童却瞪着一双清澈纯真的大眼睛认真倾听谎言；我们无法做到表里如一，却又幻想儿童能创造一个没有虚伪欺诈的美好世界……仔细数一数，儿童身上慢慢展现出来的哪一个问题，根源不在我们成人这里？儿童是镜子，是来照见我们的。

为儿童挖一方"池塘"，里面盛满爱与自由。建勋学校这样来表述：好学校应该处处体现出对生命的欣赏和赞美，去掉"红叉号思维"，摒弃"捉虫子行为"，做一个有"祖父的眼神""妈妈的味道"的教师。

建勋找到了好教师的模板——做一个"像木村那样的教师"，不是种苹果而是"协助"苹果树，苹果树才是主角，敢于在苹果树前示弱，并感恩每一棵苹果树的努力生长。

建勋把木村"请进来"，开设了"木村苹果园"，排练了"奇迹的苹果"话剧和舞蹈，编排了"木村赞歌"，像木村那样以虔敬之心倾听儿童、呵护儿童、尊重儿童、赏识儿童、激励儿童、协助儿童。

建勋为儿童的发展挖了五方"池塘"：学校、年级、班级、小组和个人。他们认为这是学校教育机体的基本组织，每一个人都应该像木村那样，做一个"为爱而成长"的人，"为他人而奉献"，"笑着生长"。

五方"池塘"成为儿童自由成长的天堂。

初二年级主任郎敏说，五方"池塘"不仅支撑起了建勋的文化体系，也创设了一种新型的管理机制，学校问题交年级，年级问题交班级，班级问题交小组，小组问题交个人，建勋的"自主管理"模式，是以自我管理实施为目的的。每年新生入校，头一个月都是自主管理月，欧阳平安老师精心编制了"新生教育手册"，把五方"池塘"按照规划串联起来，"五方合一"，做起来清晰了然，效果很好。

初三年级主任吴佩伟，还把五方"池塘"理念应用于课堂教学中，他把教学目标层层分解，落实成每个学生的学习目标，他的课堂小组、对子、个人责任明确，预习、展示、反馈层次清晰，颇具特色。

在初三毕业班，有个学生叫刘林，刘林的学习成绩很一般，但特别喜欢研究汽车，每每说起来如数家珍，老师们不但没有因为考试成绩歧视他，还主动替他做家长的工作，鼓励支持他未来能把自己的爱好发展成专业。

　　舞蹈，一直是建勋办学的特色，编排的节目曾多次登上央视大舞台，在全国性专业比赛中获奖，每年都有一些同学被全国各大文艺团体提前录取。

　　尊重儿童的天赋，激发儿童的天性，为每一朵花朵的自由绽放助力喝彩。这是建勋的承诺。

第六章

"新形态"样本：建勋实践

办一所孩子想上的学校，

一所成长中的"新形态学校"。

让我的爱包围着你而又给你光辉灿烂的自由。

封丘建勋

如果眼睛不能变得像太阳，他就看不见太阳。

——普罗提诺

建勋学校位于封丘县尹岗乡东杨庄村。

那是一个毗邻开封古城，依偎黄河湿地的地方，黄河"地上悬河"的盛况就出现在这里，这里又是"陈桥驿兵变"的发生地，独特的自然景观与雄浑厚重的历史文化交相辉映。每天清晨和傍晚，那些来自湿地的鸟群，叽叽喳喳念着单词，乘风优雅地穿过校园，把孩子们的视线拉得很长。建勋学校就坐落在这片绿色的大地上。

当地人说起自己的家乡，总难掩一种自豪感，说"先有封丘县，后有开封府"。封丘的由来和刘邦有关，封丘又被后世称为"善行之乡""感恩之城"。

据当地媒体报道：二十年来，郭建勋夫妇为东杨庄村父老乡亲们办了多少好事，连他们自己也记不清了。

村里的主街道是他们修的，街道两旁的路灯是他们装的，电费是他们交的；村委院房是他们捐建的，村里的健身器材、村小的篮球场……他们不计回报，凡是对村民有利，就一马当先，义不容辞地慷慨解囊。多年来，他们坚持每年至少为村民做一件好事，从2015年开始，他们接连救助了多名孤儿和贫困学生。他们说：我们从小在穷苦中长大，应该力所能及地为社会和乡亲尽点绵薄之力，让特殊家庭的孩子能读上书。

说到自己的办学初衷，郭建勋很是动容。他兄妹七人，祖父母为他取名"建勋"，望其长大能建勋立业。因家庭生活困窘，他被迫很早就辍学了。十几岁时他随村里人去外地推销电子产品，风餐露宿，常常一天要奔波数百公里。有时到半夜才能吃上口热饭，他记得有一次实在是饿极了，一口气竟然吃了九个大馒头。结婚后，他和妻子齐心协力创业，起早贪黑，省吃俭用，辛苦攒下了点家业，又历经数年打拼，创办了自己的企业，成了小康之家。可他们猛然发现孩子们竟然不爱上学了，震惊之余他们开始思考人生，痛定思痛，夫妇俩做出了一个大胆的决定：办学！

于是，一所占地二十亩的建勋学校破土而出。那是1999年，梁总说，办学最初，两个人分工明确，郭总负责企业经营，她负责学校运营。资金不足还能筹措，可她连小学都没念完，哪懂得办学？凭着谦逊和恭敬心，她接连请来了数任校长。靠着蚂蚁啃骨头的精神，学校每年长大一点，五十亩、一百亩、一百五十亩、一百八十亩、两百亩……可是，她发现，学校是大了，自己却激情有余幸福感不足，甚至心里还混合着淡淡的失落。

郭建勋也有这种感受。每天，他天不明就起床了，勤奋地到处拾掇，每每看着低着头行色匆匆的师生，心里倍感压抑。夫妇俩常在一起嗟叹，难道教育就是这样的吗？他们一致否认。可究竟应该什么样，他们又说不上来。这可怎么办？梁总试探地问：要不，学校你来管吧。他一听就急眼了，企业万一不能输血，你喝西北风去？为此两个人甚至会怄上半天气，学校成了一个烫手山芋。梁方琴曾经自问，办学是不是错了？不！她突然想起了创办学校的初衷，心里猛然亮堂起来，于是再度有了自信，她说必须坚持"创办一所让孩子喜欢的学校"，这个方向什么时候都不能变。彼时，山东杜郎口声名鹊起，随后就有了梁总"三顾茅庐"，促成了崔其升的建勋之行。又是数年下来，建勋学校渐渐被外界熟知，有了"河南杜郎口"的声名。

　　"善行之乡，感恩之城"，在封丘这片热土上异军突起的建勋学校，因了董事长夫妇最朴素的教育情怀和崔其升的热情襄助，从此具有了"封丘特质"。

"豫见"建勋

教育非他，乃心灵的转向。

——柏拉图

建勋要做什么样的教育？

面对始料未及的种种变化，不少学校显得手忙脚乱，意乱情迷。当有人发问"路在何方"时，建勋却胸有成竹，回应"路在脚下"。他们说民办教育要"眼光向内"，守住"良心"。

建勋的教育共识是：唯有幸福教师，才能幸福学生。

他们高举"人性化"大旗，致力于重建学校文化：去掉"红叉号思维"，剔除"捉虫子行为"，摒弃"竞争文化"，变反思会为点赞会；换一种眼光看世界，以始终欣赏生命为教育情感，把成就感、安全感、幸福感当成文化基石，激发教师，唤醒学生，读懂家长；做到以100%信念，落实"相信教师，解放教师，利用教师，发展教师"核心理念；以"双22教育"体系为载体（"22个生命课程""22个文化课程"），以五化并举、日行五一为路径，努力创建"爱的环境"，让每个生命笑着生长的"新形态学校"。

协助"苹果树"开花，这是建勋学校的教育观。

让每个生命笑着生长，让每一朵花自然盛开，尽情绽放，这是建勋学校的成长观。

好学校是一方池塘，这是建勋学校的文化观。

学一题，得一法，明一理，通一类，这是建勋学校的教学观。

建勋的未来向何处去？

建勋把"建勋明志，教育报国"写入未来"十年发展纲要"，坚持走一条"生命至上，五化并举"的素质教育道路，努力创办一所相信教师、热爱学生、理解家长、报效国家的"新形态学校"。

"新形态学校"的核心课程是"点灯计划"，以此建构适合儿童发展的"笑的生态"教育，为师生幸福生活奠基。

建勋"笑的生态"：环境，挖一方池塘；情境，四个还给；心境，笑着生长。

"新形态学校"的目标：给孩子们"一栋楼""一片绿""一盏灯"。

建勋教育的内在动力公式：自信＋志向＝意义。

建勋校训：未来十年，看我建勋；建勋兴亡，我的责任；笑着生长，尽情绽放。

建勋理念：让每个生命笑着生长；相信教师，解放教师，利用教师，发展教师；相信学生，解放学生，利用学生，发展学生。

建勋教师形象：一张笑脸，一颗爱心，一身正气。

教师学生形象：一个好习惯，一种好品质，一份好成绩。

"新形态学校"建勋样本的特色创新——

重塑学校价值：创建"爱的环境"，激发生命动能，书写教育意义。

重新认识生命：22 条"点灯计划"，点一盏灯，照亮世界，温暖自己。

重新认识教育：四轮驱动，诱发"善"，使人"觉"。

重构学校制度：五行框架，点燃、激励、唤醒。

重构学校文化：22 条新文化，相信，解放，利用，发展。

重构学校课程：22 条新课程。

重构学校教学：三化特色课堂，学一题，得一法，明一理，通一类。

重建教师队伍：三种角色、日行五一，即示范者、协助者、发展者。

重建评价体系：四级五维体系。

重建家校关系：家校有别，亲师和合。

建勋说

子以四教：文行忠信。

——孔子

1. 尽情绽放，笑着生长。

2. 教育始自"一个眼神的革命"，好教师要有"妈妈的味道"。

3. 我是一切问题的根源，也是一切问题的答案。

4. "心和技术的结合"才是真正的专业。

5. 相信教师，解放教师；利用学生，发展学生。

6. 无论我的愿望多么强烈，都无法让手和脚开出苹果花，能开出苹果花的是苹果树，苹果树才是主角，我只是在协助苹果树开花。

7. 我不相信，没有种子，植物也能发芽。让我相信种子，等待奇迹。

8. 好学校是一方池塘。如果你在地里挖一方池塘，很快就会有水鸟、两栖动物及各种鱼类，还有常见的水生植物，如百合等。你一旦挖好池塘，自然就开始往里面填东西。

9. 儿童就像玫瑰花，有不同的花期，最迟开的那朵一样美丽。

10. 建勋明志，教育报国。好的教育是培养一批雄才大略、心怀天下的人。

建勋教师誓词：

> 从爱身边最亲近的人开始，
>
> 己所不欲，勿施于人。
>
> 幸福是人生的目的，
>
> 唯有幸福教师才能幸福学生。
>
> 教育应帮助每一个成员：坚守人生信念，
>
> 传续精神文明。
>
> 始终欣赏每一个孩子，
>
> 为种子发芽提供协助。
>
> 构建文化，推动自主。
>
> 日行五一，笑着生长。
>
> 明志报国，我即教育。

"新形态学校"样貌

蓬生麻中，不扶而直。

——荀子

借用一段话来描绘：

花开了，就像花睡醒了似的。鸟飞了，就像鸟上天了似的。虫子叫了，就像虫子在说话似的。一切都活了。都有无限的本领，要做什么，就做什么。要怎么样，就怎么样。都是自由的。倭瓜愿意爬上架就爬上架，愿意爬上房就爬上房。黄瓜愿意开一个谎花，就开一个谎花，愿意结一个黄瓜，就结一个黄瓜。若都不愿意，就是一个黄瓜也不结，一朵花也不开，也没有人问它。玉米愿意长多高就长多高，它若愿意长上天去，也没有人管。蝴蝶随意地飞，一会儿从墙头上飞来一对黄蝴蝶，一会儿又从墙头上飞走了一只白蝴蝶。它们是从谁家来的，又飞到谁家去？太阳也不知道这个。

只是天空蓝悠悠的，又高又远。

"新形态学校"是指始终生长的生命状态。

"新形态学校"更多关注教育、生活、生命。教育是指对生命的态度，生活是指对世界的态度，生命是指对自我的态度。"新形态学校"积极形成教育"新概念"。

建勋"四去"：去课堂，去管理，去课程，去评价。建勋，一所庄稼地里绿色生长的学校，正以"新形态"姿势拥抱每一个生命的幸福成长。

建勋师生必读书目：《发现孩子》《教育漫话》《儿童的秘密》《爱弥儿》《斯宾塞的快乐教育》《完整的成长》《斯托夫人的教育》《一生，至少当一次傻瓜》《一根稻草的革命》《寂静的春天》《沙乡年鉴》《种子的信仰》《杜郎口旋风》《高效课堂22条》。

每部书中又有一些必背段落，如梭罗《种子的信仰》中："如果你在地里挖一方池塘，很快就会有水鸟、两栖动物及各种鱼类，还有常见的水生植物，如百合等。你一旦挖好池塘，自然就开始往里面填东西……"

要创造"新形态"就要先营建"新生态"。"新形态"的基本架构是四大块：新文化、新机制、新课程、新课堂；"新生态"的基本架构也是四大块：新理念、新环境、新行为、新生活。

建勋学校的文化思维逻辑：欲改变学校，必先改造文化。建勋学校的文化改造行动，从人人"找优点"开始，然后改变传统的例会制度，变每天早晨的反思会为点赞会。实行一段时间以后，发现人际关系有了明显改善，曾经的紧张焦虑感少了，和气多了，于是乘胜追击，提出去除"红叉号思维"、摒弃"捉虫子行为"。

去除"红叉号思维"来自对传统作业批改打"红叉号"的反思，

建勋学校的管理者们认识到，"红叉号"的背后是严酷的"挑剔"思维，这种行为无疑是粗暴、野蛮的，它带给人的伤害是巨大的，会导致看不到孩子的进步，进而形成一种固有认知，如果代入家庭和社会生活中，就会导致家庭关系紧张。

去除"红叉号思维"正是试图从根本上改变这一切，换一个角度看问题，会让人即便是在绝望中也能看到生机。通过改变自身，带给他人爱的感觉，最终会形成和乐春畅、互敬互助、宽容博纳的道德风尚。

摒弃"捉虫子行为"来自木村种苹果的启发。木村经过那场特别的"自杀"，明白了万物相生相克的道理。木村认为虫子在整个果园生态中扮演着重要角色，没了虫子，也就没了鸟儿，没了蛇……苹果树不结苹果是捉虫子导致的，人们以为这是在帮它，其实是在害它。如果说虫子代表的是缺点，那么捉虫子就是在刻意放大缺点。哪个人没有缺点，哪棵苹果树上没有虫子，一个总是被"捉虫子"而倍感打击的人，自信心、成就感、成长动力从哪里来？摒弃"捉虫子行为"是从非此即彼的二元对立中走出来，尊重一切事物和生命的存在价值。

面对去除"红叉号"，有些老师的疑虑接踵而来，作业怎么批改？到底还要不要纠错呢？班主任、年级主任和学科组长也反映，以后的工作怎么搞，摒弃"捉虫子"还要不要查找问题？

在培训时，我们从"罗伯斯山洞实验"找到了答案。

建勋"心性"故事

天理即仁心。

——王阳明

以下是中国教师报记者王占伟采写的《一所笑着生长的学校》片段：

九年级班主任郎敏班上有一位有暴力倾向的男生小宁，隔几天就会打架或与同学发生冲突，人际关系异常紧张。

对此，郎敏没有急于处理，而是从外围做深入调查。几次家访后，郎敏了解到小宁与父亲关系紧张，父亲曾体罚过孩子。

此后与小宁谈话时，郎敏没说话眼圈就红了："孩子，对不起，老师不理解你，此前不知道你受了那么大的委屈……""不过也请你帮帮老师，以前你每周都会与同学发生冲突，你能否调整自己，从每周一次先做到每月一次？"

自此，郎敏对小宁有了一份特殊的关爱，小宁的变化也异常显著。

一次上课前，教室里乱哄哄的。"郎敏来了""郎敏来了"，伴随着警觉的提醒声，教室里安静了许多。"郎敏也是你们叫的吗?"小宁拍案而起："以后我们都要叫她老师!"

讲到此处，面对记者，郎敏的眼圈再次发红，那是她作为教师的一种幸福。

这是一所笑着生长的学校，从最初只有二十亩地，到现在占地两百亩，从原来本土本乡的几百名学生到现在学生四千多人，生源辐射海南、湖北、福建、河南等地。

"在办学前，我就是个普通农民，学历也不高。看着自己的孩子上学学得很苦，闹着不去学校，当时我就下决心为自己的孩子，也为不愿上学的孩子创办一所学校。"回想往事，梁方芹无限感慨。

这就是建勋的心性。今天，建勋学校已成为硬件、理念、质量全面领跑的学校，更重要的是初心未改，孩子愿意来，喜欢来。

建勋"一体化"课堂

如切如磋，如琢如磨。

——孔子

　　二十年坚持做一件事，像建勋学校这样的课改践行者，真是不多。

　　来建勋，会发现这里的每一间教室都很杜郎口，教学楼走廊墙壁上挂满了黑板，葛海林说"黑板面积代表着自学开放程度"。这里的教师在课堂上基本不讲，教学的流程是自学—展示—反馈。在建勋教师可以讲吗？葛海林说：可以讲，建勋的课堂不讲知识，教师只在自学环节做学习目标解读，在展示环节做点拨，在反馈环节做拓展。学习是以小组为单位展开的自主学习，而这里的小组与别处的不同，视学情的需要又分为常组和变组。

　　自主学习形式包括独学、对学、群学，不是机械地递进，仍然是基于学情需要。因而，建勋的教学理念是：学生主体，学情主导，教师主推。

基于对教学史的基本认识，建勋学校经历了一个从"教中心"到"学中心"，再到"教学一体化"的过程，探索"人性化"教育一直是建勋学校的发展主题。每一个选择，其实都意味着不同教育思想观念的变革。从重视管制和灌输，到重视自主和体验，再到重视生活和合作，建勋所呈现出来的学校样貌和内涵让人耳目一新。知识教育在建勋教育框架中，只作为育人的主要路径，与习惯、品格的养成呈现并列关系。教师的作用，则不仅体现在课堂教学上，还充分发挥在生活和活动课程里，教师的专业化显然更不是指向于知识领域，而是偏重于对学生的智慧启迪和精神引领。教学当然重视培养学生的自主性、主动性和创造性，但还必须通过事先设计，师生一道在教室、班级、小组和个体的文化环境建设上下功夫，使每个"组织"都能散发能量而满足生发成长的需要。教学的重心是与教育合体，而重点就是"挖池塘"。班有班名、组有组名，但仅仅有名是不够的，还必须"为名"，在用中展现出团队价值观、共同目标和行为自觉。教师就是一部拥有自由生命的"教育样本"，他是爱与欣赏，有祖父的眼神和妈妈的味道，他是一方池塘。

在备课上，对教师的基本要求有三：一是确立课堂学习目标；二是营造学习发生的环境，教师即学习条件，激励合作精神和自我展示；三是引领学生从术到道，以道驭术，发现规律并应用规律，激发出创造力。

建勋课堂教学的灵魂是：学一题，得一法，明一理，通一类。

建勋课堂教学的特色是"教学一体化"模式，即巧妙地把教学评价和教学流程融为一体，由评价推动流程，再落实为效益，既方便了教师上课，也利于教学评价。

建勋课堂教学"百分制评价"体系——

1. 学习目标 10 分：精准 5 分，精确解读 5 分。

2. 自主学习 10 分：围绕学习目标自学 5 分，专注 5 分。

3. 交流展示 30 分：展示 10 分，质疑 10 分，板书 10 分。

4. 教师作用 10 分：总结规律 5 分，激励学生 5 分。

5. 课堂氛围 20 分：积极主动 10 分，思维活跃 10 分。

6. 教学效果 20 分：学会 10 分，会学 10 分。

建勋课堂教学的"演化"：通过"教学一体化"，一生二，二生三，衍生出"三化"（生活化、体验化、实物化）课堂。灵魂是"演"出来的，把学习目标、过程、发现、认知重构串联起来，打破了学科概念，让学习妙趣横生。

建勋管理

己所不欲，勿施于人。

——孔子

传统的学校管理大多在如下方面下功夫：优化组织、创建机制、狠抓落实、提升效率（效益）。特别强调如下词汇：科学化、人文化、精致化、系统化。

然而，教育的本质是"人学"，管理理应基于对"人"的发现与发展，是从"心"出发的具有深刻的现实变革意义的精神活动，是在为中国教育寻找出路。

一、不是找到责任人，而是找到解决问题的路径

传统的管理迷恋于抓好"层层落实"，这没有错，但弊端也显而易见，那就是问题发生时，可能会习惯性地层层向下推卸责任。在某些学校，有一种现象是：所有问题总是能在普通教师那里找到"根源"。这只会不断积累怨气。管理不是找到"背锅侠"，而是解决问题。

二、找到共同目标和价值，应基于塑造组织之魂

根据不同成员和任务可以划分为许多组织。如基于学生学习的组织就包括对子、小组、AB大组、班级、年级等；基于教师教研的组织有学科组、年级组以及一些研究性组织。

每一种组织本质上都是一种"人际关系"，而维系"关系"的除了能考核量化的效益，更重要的是一种看不见的东西，即价值认同，这就是"魂"，小组需要组魂，班级需要班魂，学校需要校魂。如果找不到这个"魂"，就难言有凝聚力。强调行动力、执行力没错，但是不是主动自发的，即价值认同很关键。从某种程度上说，学校就是一个"微型国家"，创造理想的学校，就是在"报国"。

三、不是简单地划定红线区域，而是改变每个人的心性

学校组织当然需要引导成员发现规则，划定红线，甚至要奖罚分明、德刑并重，然而"人学"可能更鼓励对人的精神引领。探索人的心性就是直面如何唤醒每个人内心的巨人，"触动一下子，改变一辈子"。改变教师就要回到心之源头。"源头之石，改变了河流的走向"，改变了一个人的心性，就改变了一个人的行为方式。教育终究是要营造一种文化，唤醒每个生命的内在动力，点燃一种智慧的观照，激励人告别过去的自己，走向有意义的人生。

从某种层面说，改变管理，就是在再造人生。

圆孩子一个愿

心在哪里，爱就在哪里。

——李艳霞

德比的故事曾感动了整个校园。在小学部分享会上，老师们都哭了。他们说这世界对于小德比太过残忍，都说妈妈爱自己的孩子，我们却忽视了没有孩子不爱妈妈。小德比的要求不高，不过是渴望一个拥抱，为了实现这样一个小小的愿望，他坚持帮助他人，他坚信只要自己努力去做，妈妈一定能从中受益，成为别人帮助的对象。

德比的故事感动了全国，也引发了一场爱的效应。然而不幸的是，德比突遭厄运。在他弥留之际，让人意想不到的是，他的病房里一下子挤满了许多"母亲"，无数善良的人从各地赶过来，假扮他的母亲来陪伴他度过人生的最后时光……

分享会结束后，小德比的故事一直萦绕在李艳霞心头，她说：我们一定要替"德比们"圆这样的梦。于是，她再次召集老师们商量，并很快达成了共识，决定在全校发起一场"圆孩子一个愿望"的爱心行动，像汤普森夫人那样，让每个孩子体会到老师身上"妈妈的味道"。

他们事先让每个孩子写一张"愿望纸条"交给老师。

当四年级的李敏老师打开纸条一张张看过去时，眼睛一下子就湿润了。

"老师，我有三年没见过妈妈了，我想见妈妈。"这是班里成绩最好的梦梦写的。

"老师，我想念妈妈了。"内向的小宝怪不得这几天不开心呢。

"老师，我想给妈妈打个电话。"成成这几天发烧了，肯定更想念妈妈了。

有个叫蓝蓝的孩子写道："老师，再过一周就是我的生日了，我想让妈妈陪我过生日。"

就像汤普森夫人听到特迪那句话时一样，李敏老师禁不住趴在桌子上失声痛哭起来。她用力攥着那些小纸条，就像捂着孩子们那一颗颗咚咚跳的小心脏，她的心，被这些柔软的小纸条扯得生疼。

建勋学校地处农村，这里的孩子百分之八十是留守儿童，父母长期在外打工，有时候几年不回来一次，能见到妈妈成了很多孩子的奢望。

大雁飞来了，又飞走了，孩子们望着天空的目光空落落的，那飞翔的心思，一次又一次地飘满失望。

和李敏一样流泪难过的还有王翠、李晓杰等人，她们说，无论怎样都要满足孩子们见见妈妈的愿望。

那几天，孙珍、钱淑清、杜丹、李晓杰等人每天忙到深夜，她们不断地写信、打电话、发微信。一周之后，那是一个晴朗的午后，蓝蓝懒洋洋地走进教室，一下被课桌上放着的蛋糕吸引了，同学们涌上来，给她戴上漂亮的帽子，然后围着她唱歌。

蓝蓝的手里被人塞了块蛋糕，她还没顾得上说一声"谢谢"，一抬头，再一次惊呆了，她看见李敏老师身旁有一个熟悉的身影，那个人叫着她的名字，张着双手跑进来。是妈妈！蓝蓝用手捂着张开的嘴巴，眼泪夺眶而出，她冲着妈妈喊："妈妈——"她顾不上满手的奶油，紧紧地抱住了妈妈，她的头紧紧地贴着妈妈，生怕妈妈要飞走了似的。"蓝蓝！"妈妈低下头，蓝蓝抬起头，四目相对，有啪啪的声响。"妈妈，妈妈……"蓝蓝忘情地叫个痛快。

李翠、李晓杰老师把自己的班级搞成了"直播间"，隔着屏幕，尽管远在千万里，一根"爱的连线"一下拉近了孩子们与妈妈的距离。

然而，那些失去妈妈或者妈妈不方便相见的孩子，怎么处理？

李艳霞说："我就是他们的妈妈。"

她精心把自己的宿舍做了布置，还在门上写了几个温馨的字：欢迎宝宝回家！每一个孩子"回家"，她都逐一长时间拥抱，亲昵地说："妈妈爱你，妈妈爱你。"她说既然是妈妈，就要做到妈妈能做到的，她给孩子送礼物，帮他们扎辫子、缝扣子，给他们讲故事，陪他们做游戏，拉着他们的小手逛街……从此这些孩子身边就有了妈妈，每次不管在哪里，只要遇见了，她都会冲孩子招手，喊着"闺女""儿子"，被她叫作"闺女""儿子"的，一定会乐颠颠地跑过来叫声"妈妈"。李艳霞说，她很幸福。

这场爱心行动，持续了一个月。

在活动总结会上，李敏老师说，蓝蓝自从过了那个特殊的生日之后，每次看见她，都会冲着她微笑，眼神里盛着一种特别的温暖。之后，建勋学校又专门聘请了数位国内著名的儿童教育专家，定期来为蓝蓝这样的留守儿童开设课程。像李敏这样的老师也更加理解孩子们的感受，在建勋，老师们毫不吝啬给予孩子们一个拥抱，主动向孩子们表达"爱的行为"。

"爱的行为"包括：主动拥抱，蹲下身子说话，给孩子系鞋带、提裤子、擦鼻涕、钉扣子、拍照片，与孩子妈妈连线，等等。

他们还总结出"爱的语言"："老师爱你""你是老师的骄傲""等一会儿再表达""谢谢你""慢一点""需要我为你做什么""大家一起来""我要向你学习"等。

建勋的每间教室门口都有一个心愿箱，为此还设计了一些"仪式感"，比如"开箱日""圆满日"等，孩子们有什么需求，就写下来告诉老师或同伴，大家知道了，都会争着帮他们圆梦。小洁特别喜欢动物，一直想去郑州的动物园看大猩猩，他的同学明明特意告诉了爸爸，为此明明的爸爸专门利用星期天开车接他们一起去玩。小洁的愿望得到了满足，很是开心，从此他和明明的关系更亲密了。

李艳霞还曾突发奇想，在校园一角，专为那些心灵受过伤害的特殊孩子，做了一个"情绪墓地"，让孩子把不幸的经历和种种由此生发的情绪一起埋葬掉。

还能为孩子做什么

学生是建勋最大的魅力。

——葛海林

葛海林最近一段时间简直忙坏了。

他担任初中部校长，兼着初三毕业班的语文课，还当着班主任，现在倒好，又有班主任休产假了，他要再兼任另一个班的班主任，所以大家开玩笑说葛校长是全校权力最大的。

葛海林说，无论当校长还是班主任，都要尽可能替孩子着想。"我能为孩子们做点什么""我还能为孩子们做点什么"，他经常这样反问自己。他说自己的这种体会来自一次"顿悟"——

现在的孩子啥不懂？网络时代，你能控制他的身体，但你能捂住他的耳朵，遮住他的眼睛，阻止他的思想吗？

开个班会做一小时的工作，可是一小段视频就可能把你刚讲的那点东西冲刷殆尽；你让他信你，可你有哪些特质吸引他，学校有什么特质留住他？你不让他喜欢歌星、影星，那你为什么成不了孩子的偶像？

不是教育没有力量感了，而是教育之外的那些力量更大。

不是孩子厌学，而是你的教学让孩子提不起兴趣。

不是孩子们越来越不听话了，而是你距离孩子越来越远了。

不是教师难当，而是我们不懂孩子。

……

在孩子面前，他从来不把自己当校长，因为工作头绪太多，还经常出差，他很难像别的班主任那样全天候盯在班里，但他也从来不会把工作委托给别的老师，而是交托给学生。他对学生说，你们都比我厉害得多，就自己的事情自己管吧。孩子们也习惯了他这样，常常就是自己的问题自己管了。有时候他不在学校，年级主任召开班主任会议，都是他班学生"代表他"去参加，回来后照会议要求自行安排。偶尔他会给学生们开会，内容无非是"你们比我强"。老师们都说葛校长会忽悠孩子，他却说，我那是真的把自己放低，因为他们比我更了解班级情况，比我更懂得同龄人的想法，我不虚心点，怎么能知道如何调动他们？

他和学生之间就这样建立起彼此信任的关系，他所教的班不仅学生成绩好，而且总有一股劲。

得益于孩子们替他做很多事，他才能像现在这样游刃有余。因此他对老师们说，你们要多放手，孩子们无所不能，千万不要替代和包办，抱着的孩子长不大。

葛海林常常这样思考：学校是谁的学校？教师的角色究竟是什么？教育的目标是什么？学生是来做什么的？为什么需要课堂？

他也常常问自己：谁是发展的主体？我们还有什么事不能交给学生去做，学生和教师不同在哪里？

许多事就这样越想越清楚，他就在这样的思考中不断成长着。

有人不解，说他"还能为孩子多做点什么"与"还有什么事不能让孩子做"是自相矛盾。他笑着说，这是一回事，前一句是提醒自己多为孩子们搭建平台，后一句是时时记得多把机会留给孩子。有些刚进建勋的新教师不理解，觉得这样什么也不闻不问，是不是失职？他就给他们讲了一个《纪昌学射》的寓言故事：

> 甘蝇，古之善射者，彀弓而兽伏鸟下。弟子名飞卫，学射于甘蝇，而巧过其师。纪昌者，又学射于飞卫。飞卫曰："尔先学不瞬，而后可言射矣。"
>
> 纪昌归，偃卧其妻之机下，以目承牵挺。二年之后，虽锥末倒眦，而不瞬也。以告飞卫。飞卫曰："未也，必学视而后可。视小如大，视微如著，而后告我。"
>
> 昌以氂悬虱于牖，南面而望之。旬日之间，浸大也；三年之后，如车轮焉。以睹余物，皆丘山也。乃以燕角之弧、朔蓬之簳射之，贯虱之心，而悬不绝。以告飞卫，飞卫高蹈拊膺曰："汝得之矣！"

他会卖一个关子，问：纪昌学射，为什么练的不是箭术？然后他再解释，《纪昌学射》这个寓言故事出自《列子》，其实还有一段——

> 纪昌既尽卫之术，计天下之敌己者，一人而已，乃谋杀飞卫。相遇于野，二人交射；中路矢锋相触，坠于地，而尘不扬。飞卫之矢先穷，纪昌遗一矢。既发，飞卫以棘刺之端扞之，而无差焉。于是二子泣而投弓，相拜于涂，请为父子。剋臂以誓，不得告术于人。

你们看看，谁说教师没有作用？

当教育只剩下知识，也只能培养出像纪昌这样想谋害自己老师的学生，这多么可怕。

《纪昌学射》这个故事寓意丰富，很好地解答了教师、教学、教育的关系和内涵。读懂了这个寓言，现实里也就明白一切了。

在初中部，他们把课堂还给学生，把管理还给学生，把考试还给学生，把年级和班级评价还给学生，教师们乐得退居幕后，学生们不仅成绩好，而且能力强，即便回到家里，种种表现都会显示出不一样。

他们甚至把家长会都交托给孩子们自己开。有位海南的学生家长坐飞机来开家长会，领取孩子赢得的100元"进步奖"奖金，她说孩子的成长不是钱能衡量的，教育远比金钱更重要。后来，她又把自己另外两个孩子千里迢迢送到建勋。

在建勋，有很多来自县外、市外、省外的孩子，家长们大都是冲着这点选择了建勋。

建勋身处农村，各种条件都不算好，它凭什么吸引着这些家长，它的教育魅力到底在哪里？

建勋"儿童学"

教育的世界即儿童的世界。

——郭萌

爱默生说：儿童就像弥赛亚，他降临到堕落的人间，是为了引导人们重返天国。

建勋教育的整体建构，是以"把儿童作为目的"为出发点的。

建勋的"儿童学"不是传统意义上的一门综合性学科，而是围绕着"发现儿童"和"发展儿童"理念的一种实践性活动，目的是尽可能减少对儿童的误解、种种制约和扼杀，还原儿童的本来，激发儿童的天性，创造一种"儿童的环境"和正确教育的方向。

儿童与成人的世界是完全不一样的。他们是如何看待世界的？

法布尔在《昆虫记》里这样写道：

当我面对池塘，凝视着它的时候，我可从来都不觉得厌倦。在这个绿色的小小世界里，不知道会有多少忙碌的小生命生生不息。在充满泥泞的池边，随处可见一堆堆黑色的小蝌蚪在暖和的池水中嬉戏着，追逐着；有着红色肚皮的蝾螈也把它的宽尾巴像舵一样地摇摆着，并缓缓地前进；在那芦苇草丛中，我们还可以找到一群群石蚕的幼虫，它们各自将身体隐匿在一个枯枝做的小鞘中——这个小鞘是用来防御天敌和各种各样意想不到的灾难的。

在池塘的深处，水甲虫在活泼地跳跃着，它前翅的尖端带着一个气泡，这个气泡是帮助它呼吸用的。它的胸下有一片胸翼，在阳光下闪闪发光，像佩戴在一个威武的大将军胸前的一块闪着银光的胸甲。在水面上，我们可以看到一堆闪着亮光的蚌蛛在打着转，欢快地扭动着，不对，那不是蚌蛛，那是豉虫们在开舞会呢！离这儿不远的地方，有一队池鳐正在向这边游来，它们那傍击式的泳姿，就像裁缝手中的缝针那样迅速而有力。

在这个地方你还会见到水蝎，只见它交叉着两肢，在水面上悠闲地做出一副仰泳的姿势，那神态，仿佛它是天底下最伟大的游泳好手。还有那蜻蜓的幼虫，穿着沾满泥巴的外套，身体的后部有一个漏斗，每当它以极高的速度把漏斗里的水挤压出来的时候，借着水的反作用力，它的身体就会以同样的高速冲向前方。

在池塘的底下，躺着许多沉静又稳重的贝壳动物。有时候，小小的田螺们会沿着池底轻轻地、缓缓地爬到岸边，小心翼翼地慢慢张开它们沉沉的盖子，眨巴着眼睛，好奇地展望这个美丽的水中乐园，同时又尽情地呼吸一些陆上空气；水蛭们伏在它们的征服物上，不停地扭动着它们的身躯，一副得意扬扬的样子；成千上万的孑孓在水中有节奏地一扭一曲，不久的将来它们会变成蚊子，成为人人喊打的坏蛋。

乍一看，这是一个停滞不动的池塘，虽然它的直径不超过几尺，可是在阳光的孕育下，它却犹如一个辽阔神秘而又丰富多彩的世界。它多能打动和引发一个孩子的好奇心啊！让我来告诉你，在我的记忆中的第一个池塘怎样深深地吸引了我，激发起我的好奇心。

教育是为儿童而准备。

一所"儿童的学校"总是能让人心旌摇曳，充满想象。

教师也理应被视作"儿童"，教育对教师的基本要求就是成为一名"儿童"。

教师的首要任务是"认识儿童"，那么相比备课，"备人"要重要一万倍。

我们整天谈改革，其实没有人钟爱痴迷于改革，之所以要改革，那是基于一种责任而不是"见死不救"的冷漠。建勋要重建自己的"儿童学"，它的本意不是要去改革什么，而是发自于一种对儿童的热爱，基于为儿童的需要提供帮助。"自然主义"的教育主张者常常排斥学校教育，乃至排斥一切人为的教育，这显然又走向了另一个极端。没有教育，谁去爱他们，谁去诱发孩子的创造力，唤醒他们的生命感、价值感？

教师的作用不言自明。

在建勋，老师们都有一个"备人本"，上面详细记录了对本班级孩子表现的分析。

董事长助理李瑞曾担任初二年级的政治学科教师，她的本子上记录着每一次她对学生的观察、接触以及跟踪研究情况。

在她任教的班级，有个叫杨洋的女生，是中途从外校转来的，在转校原因一栏里，记录着"早恋"二字。李瑞第一次和这个学生接触时，感觉她有很强的戒备心，低着头，半天不搭话。李瑞在她的本子上这样记录："杨洋，第一次接触，沉默不语，有明显戒备情绪。"

李瑞第二次接触杨洋是"碰巧"在校园里，她记录本上写着："我'碰巧'遇见了杨洋，主动和她聊天，邀请她没事时来我宿舍做客，杨洋爽快地答应了。"李瑞的第三次记录是距离上次"巧遇"两天之后，她写道："杨洋来我宿舍做客，我拥抱了她，欢迎她来，请她吃水果，然后天南海北地扯了一通。从聊天中我听得出杨洋的爸妈关系很不和谐，平时他们都忙，常丢杨洋一个人在家，这孩子很小就学会了自己做饭。"

就这样，李瑞不断记录着她和杨洋的交往。慢慢地，她们成了很好的朋友。"杨洋丝毫不回避她曾经喜欢过一个帅气的男生""杨洋今天来我宿舍小试身手，西红柿炒鸡蛋，超好吃，我夸了她，她很高兴，给我说了她很多'秘密'""杨洋其实和那个男生只喝过一次奶茶，被妈妈的同事撞见了，于是引发了一场风波""杨洋很懂事，帮助我照看了一会儿小宝，逗小宝叫'姐姐'""我今天和杨洋妈妈通话，委婉地提到杨洋的'早恋'，我说那不是真的，杨洋妈妈很错愕，提醒我千万不能掉以轻心。唉！她是不是'操心'多了""杨洋成了学习组长，成绩进步很大，而且认真负责"……

在李瑞的"备人本"里，不只记录着孩子们的成长故事，也记录着她自己的成长心得：她懊恼，"今天我是不是有点急了"；她自责，"青青，对不起，是老师错怪你了"；她反省，"刘壮，如果我再多给你一点鼓励，是不是要好些"；她欣喜，"青青，终于看到了你的进步，老师为你骄傲"；她幸福，"今天，不知道哪个孩子在我办公桌上放了一枚苹果，又红又甜的大苹果啊"；她清醒，"每个孩子都是独一无二的，不能复制经验试图完成教育"……

建勋"儿童学"的核心是"发现儿童"，目标是"发展儿童"。

发现儿童的秘密，发现儿童的世界，发现儿童的生活，发现儿童的心灵，发现儿童的成长，从而激发儿童内在潜能的发展，为儿童提供他所需要的环境，让每个孩子自由地成长，实现梦寐以求的自我教育、自我成长。

建勋"教师学"

读懂教师即读懂了管理。

——李瑞

李艳霞也有一个这样的本子，只是她备的是教师。

"李霞老师近期情绪不高，找她聊天才知道正在'闹离婚'""李霞情绪激动，表示坚决不跟他过了""李霞这几天住在学校公寓不回家了"……

眼看事情向坏处发展，李霞老师更加闷闷不乐，李艳霞很是着急，她想弄明白这究竟是怎么一回事。

有一天查课，她发现李霞老师没来，忙向年级主任询问。得知李霞老师请假了，她预感不妙，赶紧给李霞老师打电话。李霞老师告诉她说，不用担心，上午去民政局办件事，下午就回学校了。李艳霞问她现在在哪里，李霞说在去民政局的路上。

李艳霞冲着话筒喊：你赶紧给我停在路边，我马上赶过去见你。

就这样，李艳霞强行截住了她，也保全了一段婚姻。

事情的起因非常简单，因为平时较忙，李霞老师忽视了老公的感受，彼此又不愿相让，言语冲突僵持不下，导致冲突升级，差一点就各奔东西了。

挽救了一段婚姻，李艳霞本该有成就感，但她却陷入了深深的自责中。她反思自己作为校长，平时是否关注工作太多，对教师的生活和心理关注度不够？这样的思考一直占据着她的脑海，当她开始把目光移向教师生活领域时，她发现存在的问题远比自己了解到的要多得多，她突然有了一种莫名的焦虑感。

在她的本子上，她这样记录着：刘颖，离异带着两个孩子独自生活，压力很大；娄琴，与婆婆十年不相往来，导致夫妻关系紧张，近期婆婆生病住院，丈夫嫌她不帮忙，夫妻冷战；薛明明，孩子患上网瘾，整天逃学，她深感绝望；赵琳，患有严重的腰椎病，常需要请假就医；李青青，丈夫有钱，家暴；孙勤，丈夫生意失败，饮酒，吵闹；孙玲玲，有学生家长反映其在外开设辅导班……

李艳霞说，教育即"人学"，如果我们不"认识儿童"就无法走近儿童，不"认识教师"也无法走近教师，教师是关键，要推进建勋的"儿童学"，就要先解决教师的问题，因为唯有幸福教师才能幸福儿童。因而，她在"儿童学"的前端写上了这句话：走近教师，认识学生。为此，李艳霞在本子的扉页上，添上了"做老师们的贵人"。

做老师们的贵人，仅仅靠"话聊"不行。

为此，小学部把"日行五一"列为教师生活最重要的内容，从此老师们又多了一个本子——行知本。

与"儿童学"相对应，建勋的"教师学"同样不是去解读和研究某一种理论，而是基于对教育的基本思考而做出的一种实践性探索。

教师是谁？

如果我们今天还停留在"主体与主导"的二元教育认知里，那会如"先有鸡还是先有蛋"那样争论不休。但毕竟教育的发生是需要教师的，当然自主教育除外，实际上教育的真谛还真是自主教育，但不能据此而不尊重教师。当我们追问"第一个教师是谁教出来的"时，是在引领教师去注重学生的"自学"，而不是预谋着如何抛弃教师。

教师这个职业肯定是基于对教师的需要才确立的，然而遗憾的是，自从有了这个职业，似乎就忘记了需要他来做什么。心理学上有个著名的"猴子与香蕉实验"，当一批批的猴子相继被替换之后，那些后来的猴子就只知道会挨打却不知道因何被打了，这样的传统渗进了每个猴子的血液里，成为一种生命的印记。我们必须追问：猴子们需要这样的传统吗？这样的传统又是怎样积淀形成的，我们需要这样的传统吗？

作为杰出教师的代表，孔子和释迦牟尼常被人们提及和追念。孔子是怎么当老师的，想必去过曲阜的人站在杏坛前，肯定会思绪飞扬。而释迦牟尼呢？他俩似乎都特别喜欢树，没事就坐在树底下和学生们谈天说地。需要到处走动时就走动，或步行，或坐马车。于是一个教育奇景就这样诞生了，丁愚仁先生在其《天才不是教出来的》一书中这样写道："在路边上、地头上、山坡上、树林里、水塘旁，处处都是教室，处处都是'课堂'。他们用路边的石子、树上的树枝当笔，他们用大地、天然石板当纸，走到哪里学到哪里。"

他们的教学内容是什么？

传道：他们以天为教室，以地为课桌，谈天论地，探究春夏秋冬的形成，观察潮起潮落，考察星移斗转，精研自然形成，细品生物轮回，体验人生苦乐，展望未来世界，幻想人类发展……

授业：以树枝为笔，以平土为纸，运树枝于松土上，传授给人们怎样遵循自然规律，授其在自然条件下如何生存……授其如何与人和谐相处，授其怎样尊老爱幼，授其怎样利他服务……

解惑：解除你的心理障碍，指明你的发展方向；解除你内心的黑暗，授予光明心态；解除你的抑郁心态，给你一个和谐思想；解除你的迷茫思绪，给你一个清晰思路；解除你的病体痛苦，给予一个健康体魄……

相比先贤，我们今天有现代化的教室、现代化的设备、现代化的手段、现代化的内容，如此多的现代化大集合，教出来的是"现代化人才"吗？

根本上，我们缺少的是"现代化教师"。

因而建勋探索"教师学"就有了必要，它包括以下几点——

教师角色：生命的欣赏者、爱的传递者、成长的发动者。

教师作用：点燃、激励、唤醒；演示、展示、提示。

教师使命：发现儿童、发展儿童。

教师专业化：心和技术的结合。

教师标准：有妈妈的味道，一张笑脸、一颗爱心、一身正气。

建勋发展的"七个让"

人什么时候都得立得住，活着就不能让人戳脊梁骨。

——郭建勋

第一，让学校活起来。教育的秘密就是激活生命，满足成就感，培养自信心。把课堂还给学生，把生活还给学生，把课程还给学生，把成长还给学生，把幸福还给学生。落实"学生主体，教师协助"，要"始终欣赏"，有"妈妈的味道""祖父的眼光""木村的情怀""陶行知的智慧"，努力做好"三三个"：教师三个一（一张笑脸，一颗爱心，一身正气），学生三个一（一个好习惯，一种好品质，一份好成绩），学校三个一（一座自信的大楼，一片心理的葱绿，一盏智慧的明灯）。

第二，让教师笑起来。教育无非是欣赏生命，唤醒成长。坚决去掉"红叉号思维"，摒弃"捉虫子行为"，尊重差异化，欣赏"未开之花"，学会"开家长会"，变反思会为点赞会，推进"微笑教师"和"年度教师"工程，为教师"命名家"，建设"生活中心、情感中心、发展中心"，落实教师"点灯计划"，唤醒教师内心的巨人，培养"建勋兴亡，我的责任"的教育情怀，实现"建勋明志，教育报国"的人生理想，未来十年，看我建勋。

第三，让观念变过来。教育的关键是转变观念，由"种苹果"到"协助苹果树开花"，树立"苹果树才是主角"的观念，致力于挖一方"池塘"，努力营造"爱的环境"，让每一个生命笑着生长。相信、解放、利用、发展，落实"人学"教育主张，努力向"心学"探究，激发出每个人的天性，相信每个孩子都是天才，每个教师都能成为大成就者。

第四，让课堂觉起来。全面改进课程和教学结构，实现零作业，推进"个性化作业"方案，落实转知成智的"三化"（生活化、体验化、实物化）课堂，把学习过程和学习创造"演出来"，学一题，得一法，明一理，通一类。

第五，让教育融起来。建勋教育的核心理念是打破传统教育壁垒，倡导"去教育"概念，去课堂、去管理、去文化、去课程，探索"融教育"形态，实现"学习主体，生活主人，活动主角"，营建苹果园教室、阳光房教室、木屋教室、茶室教室等学习场，创建"新形态学校"，让学习无处不在，让成长无处不在。

第六，让学生燃起来。实施 22 个生命课程体系，为成长挖一方"池塘"。重点建设木村的苹果园、田园阳光屋、生命快车等户外课程，落地"生命性、教育性、体验性"理念。组建"花开了乐团""苹果剧社""玉米舞蹈团"三大社团。推进"拔河节""微笑节"等活动课程，开展"识命读心"活动。

第七，让生命亮起来。落实 22 个文化活动体系，为每个人"点一盏明灯"。重点围绕"校、家、社",探索实施"一体化教育",开办"建勋家长成长学院""教师成长学院",组建"米粒工作室""王维工作室""国际课程部",成立"台湾元智大学实验基地""全国校长新形态学校研讨基地""全国教育媒体记者体验基地"等。力争在三年之内,建成中国教育"新形态学校"的样板。

第七章
民办教育思考

你无法在抖动的画板上画出美丽的图画，
也无法在颤抖的心灵上书写教育。
坏环境使孩子易怒、暴戾或沮丧、缺乏信心。

民办教育如何"过河"

> 孩子害怕黑暗，情有可原；人生真正的悲剧，是成人害怕光明。
>
> ——柏拉图

我举双手支持提升教育硬件，改善各种办学条件，我梦想天下最美的建筑是学校。

加措活佛在《一切都是最好的安排》一书中讲了一个有意思的故事：

他的师父带弟子们去国外，经过一处非常漂亮的公墓时，随行弟子好奇地问是什么房子。师父答：给死人住的。继续往前走，看到更漂亮的别墅，弟子又问，师父答：给活死人住的。

加措活佛在北大读书时，有一次在王府井街头，看到那些腋下夹着皮包，手里拿着油条，挤地铁、转公交、行色匆匆赶着上班的人，禁不住发问：这些人真的受过大学教育吗？他是在说，人怎么活得本末倒置？

教育是否在本末倒置？

去年，圣陶学校举办了一个民办教育会议，邀我去做讲座，我发言的题目是《民办教育突围的"七个方略"》。

我从经济学中的"非连续增长曲线"开篇。"非连续增长曲线"揭示了任何一个行业在发展过程中必然会遭遇生死关口，比如自行车时代会遭遇摩托车的冲击，如果不能优化产品，随之而来的就可能是衰退，甚至毁灭；同样，摩托车时代会遭遇汽车的冲击……新的思想观念借助新的科学技术推动着行业的快速迭变，大浪淘沙，前赴后继，一不小心，就可能明日黄花，英雄迟暮。

褚清源对民办教育非常有研究，他分析过80年代几所风靡全国的民办学校案例，如今它们在哪里？真是"古今多少事，都付笑谈中"了。那一代民办人哪一个不是当年名镇一方、叱咤风云的英雄？可"顺昌逆亡"，你力量再大，也扛不过"势"，这个"势"是指趋势。

你败了，不是败在"楼"上，也不是败在"考试卷子"上，是败在思想观念上。

有一则毛毛虫过河的寓言故事，颇能给人启发。

大河汤汤，毛毛虫睥睨四方，见水势如此大，心想跳下去就会淹死，即便择一片树叶为舟楫，亦难免舟覆船翻，葬身鱼腹。于是它来个脑筋急转弯，化成飞蛾飞了过去。

民办教育如何能"飞过河"？

民办学校如果单纯地与公办学校拼硬件、拼教学、拼工资，注定死路一条，必须换一种思维和思路，办出独特性。独一无二，就是最好的自保，缺你不行，就像玄宗离不了魏征，知道你恨我，恨得牙根痒痒，却还是离不开。今天的民办教育政策的确不一样了，但活一天，也要办出"格"来。

曹操说"食之无味，弃之可惜"，那是指鸡肋；"一骑红尘妃子笑，无人知是荔枝来"，杨贵妃日啖荔枝三百颗，爱的是那种被人宠着的感觉，荔枝的身价是爱情的身价。

你是谁？

民办学校的 "秒变"

朝闻道，夕死可矣。

——孔子

我很想帮一帮这批民办学校的兄弟们，不单纯是出于一种意气，也不是义气，而是对理想主义者的敬重。民办不能垮，垮了会出人命。人命关天，教育也关天，因此古人说，天地君亲师，的确 "关天"。

民办学校必须办好，别人脚下有千条路，但民办学校只有一条，而且似羊肠蜿蜒。这样说很悲壮，事实上就这么回事。有些人说天堂有路你不走，这简直是胡说八道，真知道天堂路在哪里，他们就不总惦记着把你挤下悬崖了，因此，你得放聪明一些，学一门忍术。《金刚经》云 "一切贤圣皆以无为法而有差别"，又说 "一切法无我，得成于忍"，做不到，那就学着像越王勾践一样卧薪尝胆，自负的他这样预言，"苦心人，天不负，三千越甲可吞吴"，看看人家。

你不能跟公办比，硬件比不过，比 "软功"，比 "轻功"，他搞军事化，你也军事化；他搞时间加汗水，你也时间加汗水；他搞课程，你也搞课程；他挖特级教师，你也挖特级教师；他掐尖，你也掐尖。就凭这黔驴技穷只会照猫画虎的功夫，人家真不把你当一盘菜。

我不主张把所有人当对手，不是说我的境界多高，而是你会因此乱了自己的方寸。有人说，手里拿着锤子的人，满眼都是钉子。放下锤子才是"天下无敌"的人，天下无敌是说你眼里压根没有敌人，把他们当成空气，而不是像阿Q那样斜着眼看人。假如你正面临生死存续，再劝你放下就不厚道了，那就抽出肋骨做剑，破釜沉舟背水一战。

与谁战？

张德芬柔声地说："亲爱的，外面没有别人，只有你自己。"

与自己战，是破自己的釜沉自己的舟，这可是明摆着不给自己退路。玄奘大师说，"宁肯向前一步死，绝不向后半步生。"人得处绝境立绝志，所以才叫"立地成佛"。绝境时，考验也来了，当断不断反受其乱，就一个字：干！

有人问我，民办学校变好需要多久？

我的回答是，或许只需要"一刻钟"。

不就是一种选择吗？犹豫者拖延了一个冬天，而下决心只需要"一秒"。这叫"秒变"。

再回顾一下武训的做法。武训当年行乞办学，学校一草一木都来之不易，有先生不好好工作，作为"董事长"的他怎么做的？他没有正言厉色批评教育，也没有扣工资记大过以儆效尤，而是悄然无声在那位夫子屋前一夜长跪，那是一个寒冷的飘着雪花的冬夜啊。

我相信许多人都会为之动容，武训先生含泪恳请：先生，我不认字，为了能让咱穷苦的孩子多识几个字，从此少受点欺负，拜托先生了。那位先生感动至极，双膝跪在武训先生面前羞愧难当，从此之后，整个学堂再也没有一个教师偷懒了。

真理都是朴素的，唯有真情能感人，真心能化人。民办学校的董事长不是不可以住别墅、开宝马，但你总得适当顾及还在为房贷节衣缩食、每天骑着电动车上下班的老师们的感受吧，别说自己如何慈悲，每个人心里都有一杆秤。

让我怎样说呢！

民办教育之"生路"

　　我认为教育应该是充满快乐的，当一个孩子不快乐时，他的智力和潜能就会大大降低。呵斥和指责不会带来什么好的结果。

——斯宾塞

　　总有人感慨信息时代资讯发达，乱花渐欲，难辨真伪，颇有左支右绌无所适从的感觉。不过孔子说"吾道一以贯之"，万变不离其宗，当很多人"跟风""逐浪"时，停下来可能是一种智慧。荀子说，力不若牛，走不若马，而牛马为用，何也？他抛出了一个很有意思的问题。有人说，当人类终于明白跑不赢虎狼时，于是就选择了另一种应对，"停下来"。最终停下来的人类发明了弓箭和子弹，你快，快得过弓箭快得过子弹？牛马何以为用，荀子自问自答曰，明分使群。

　　我主张"停下来"。"停下来"是说民办学校不要追着人家的屁股跑，当年苏联就是这样上了老美的圈套，跟着搞"军备竞争"被拖死的。"停下来"不是像傻子一样无所事事、优哉游哉，而是专心致志一回，参悟参悟何谓明分使群，说不定就能"发明"出另一支"箭"来，快过狼豺虎豹，一箭在手，未发已中。

说一千道一万，我们的目的就是在"双减"的狭缝里，寻求民办学校突出重围的可靠"生路"。

窃以为，民办学校可在七个方面有所作为。

第一，思维突破。摒弃"土豪思维"，重赏之下也有"庸"夫，未必所有问题都能靠钱摆平，比如爱，而恰恰爱是教育的灵魂，要赢得爱，就得多"向内求"，以心换心。曾经许多人信奉"育人不如挖人"，如今证明那样仅能解一时之急，不能解长久之困。人才就在身边，需要的无非两条：一是信任欣赏的目光，二是用人不疑的平台。

第二，理念突破。以"人性化"为基石，以"和谐性"为核心，以"幸福感"为目标确立办学理念，"相信教师、解放教师、利用教师、发展教师"，相信每个人内心都沉睡着一个巨人，教育应"尊重差异"，欣赏不同的生命形态，唤醒生命状态，营建成长生态，让每个生命笑着生长。

第三，文化突破。营建"以人为本"的发展环境，改善教育中的几种关系，重视校园伦理建构，重新界定师生关系。师生关系是校园伦理之始，由此衍生出教学关系、生生关系、师师关系和"新服务关系"（办学者和师生、家长关系），学校文化的特色是生态，目标是人格塑造，路径是生活与活动。

第四，制度突破。尽管教育市场化一直被人诟病，但或许在不久的将来，大家会发现，把选择权交给市场也许是明智的。作为"先行者"，民办教育更需要加强市场化程度，围绕市场化来设计体制，确立理念，创建文化，稳定队伍，挖掘潜能，激活生命，提升质量。好教育是挖一方"池塘"，而不是再造一座"监狱"，未来民办学校要围绕人性化、个性化、现代化、国际化、高质化建构体系，围绕生活方式、生命质量、全球意识来设计内容。在用人方面敢于尝试"自主管理"，把学校交给教师，把班级交给学生，让每个人成为"三主"——学习主体、活动主角、生活主人。

第五，课堂突破。课堂教学改革要不要持续下去？答案是肯定的。民办学校选择课改，是自我勇气的考验，也是对眼光、格局、良心的考验。课改分为三种：一种是改进教学方法，一种是改变教学关系，一种是重写"教学意义"。唯有第三种才能彻底走出"应试教育泥潭"，步入"自由王国"。那些被牢牢掐住"七寸"的民办学校，很难有美好的前途，相信不搞应试会死的学校注定会被"升名校"压死。因此，课改是唯一有希望的自救，改与不改，有着本质的区别，如同患上绝症治就有希望，不治也不一定会死，那得看命。

第六，活动突破。也可称为"课程突围"。民办学校图谋异军突起，得独辟蹊径。每年在校十个月，每月一个月度主题活动，或者按照季节设置"四季课程"。比如"春之课程"的主题是"萌芽"，领着孩子去"寻找春天，发现生长"，可以照、可以写、可以读、可以讲、可以演、可以唱、可以跳、可以行、可以住，他怎么做就让他怎么做，因为教育的本质就是点燃、激励、唤醒，而不是命令、控制、服从，把"春天种进心里"，活动就成功了，然后把每个活动记录下来，就是学校的校史、班史、个人成长史，如果再有心一些，不妨给每个孩子准备一个"成长袋"，让他们自己保存自己的资料，等毕业时印成纪念册，作为母校的送别礼物……

第七，特色突破。变不利为有利，发挥"优势"，优势即特色。不妨这样想，虽然位置偏远，但换个视角看却独有清净；虽然交通不便，换个视角看却拥有交通安全；教师学历不高，换个视角看，以学生为师便拥有教学相长；硬件配置不足，换个视角看，没有电子污染；深处田野，换个视角看，拥有无限生机；农村学生多，换个视角看，反而拥有质朴淳厚；知名度小，换个视角叫作沉潜低调、韬光养晦；升学率不高，别急，你的学生成绩提升率高、潜力大；学校没有舞蹈、没有钢琴，但我们有森林、河谷、明月、清风，老天替你设计了"天籁课程"；假如你什么都不行，换个"态度"也能行，给学生编上号码，搞一个"终身学生制"行不行？五十年后，他突然想起这件事，回到母校查一查，号码犹在，记忆犹在。但愿每一所民办学校都能挺过五十年。

民办学校之"模板"

神奇的谢琴宁

　　我们必须将拥挤的校舍大门打开，让孩子回归大地。这是宇宙所需，因为当孩子自己动手，让地球变得更美丽时，他们会从中获得知识经验，而这才是真正的教育。

——米哈伊尔·彼得罗维奇·谢琴宁

在全世界范围内，目前没有哪所学校火得过谢琴宁。对于阿纳斯塔夏的读者迷来说，谢琴宁的出现，一下子打消了他们原有的疑虑，他们似乎看见了无数个阿纳丝塔夏在自己的眼前突然出现。近年来许多好奇的中国"阿夏粉"，不远万里去谢琴宁学校考察，他们在"粉群"里言之凿凿地说，谢琴宁学校的孩子几乎人人有着阿纳丝塔夏那般的神奇，据说，在民间有不少人以谢琴宁为模板，开始了一种全新的教育尝试。

阿纳丝塔夏有多神奇？

张德芬这样说：

阿纳丝塔夏同动植物对话和互动；她一个人住在森林里面，长年和外界没有接触（当然更没有 Wi-Fi），但是她对古往今来的所有事情知之甚详，甚至具有一般人所没有的洞见和智慧；她进入冥想状态，模拟过去、现在和未来各种可能在生活中出现的情境，并可以将具体的细节一一描述出来，让人难以置信，你甚至会以为这就是作者杜撰出来的一段经历。

可你不能否认，这个世界上，有很多东西虽然不可思议，但确实存在，只是你不知道而已。

没吓着吧？

谢琴宁这所学校就是一座培养"像阿纳丝塔夏那样的孩子"的学校。

难道你不和我一样好奇？

需要说明的是，谢琴宁虽是公立学校，但丝毫不影响它作为民办教育的样板价值。我介绍谢琴宁，完全是冲着它的"新概念学校"，是想给予那些图谋变革的人一些勇气和想象力。有人说变革的最大阻力来自自己，你不想动，推动你的那只手就是阻力，而对于想动的那只手，你就是阻力。

谢琴宁被称为"人类的新未来"，这所学校打破了传统教育认知。一位网友这样概括——

校舍的建造、设计、彩绘，完全出自孩童之手，无须大人在旁指导。

孩童是学生也是老师，自己制订教科书、研发教学方式，上课可以来去自如。

孩童在一年内即可完成整个十一年的课程；十八岁之前，通常会获得一两个大学文凭。

孩童擅长各种才艺：绘画、手工、合唱、武术、舞蹈等。

孩童自己料理生活日常（煮饭、家务等）、自行规划活动、处理在校的所有行政事务。

孩童活在当下、思考生命的意义、沉浸在大自然中；对于电视和电玩不感兴趣。

谢琴宁的四大不同

一、没有老师，小组学习

这所学校没有专任老师，孩子们是分组学习的，他们大多时候自己教自己，当遇到一些专业问题，而学校和镇上又没有人能解答时，学校会聘请专业老师来指导。根据不同的状况，每个小组会有十二至十五个孩子，从八岁到二十二岁的都有，种族背景不同。他们整天都在一起，共用一个宿舍，一起行动，像一个小组，一起做事。在这里，不仅是大的孩子带领小的孩子，有时候是小的孩子给大的孩子提供资讯。

二、单科独进，学以致用

在这里，孩子们一次只学一个科目，直到完成为止。比如学化学，一气就学完全部的化学，然后学物理，同样也是学完全部的物理。这和我们常规学校很不同，我们基本上是把一天拆分成若干时段，四十分钟物理，然后四十分钟化学，等等，一直在学习一些知识碎片。谢琴宁的孩子不仅学习知识，而且运用知识，包括建造教堂、打造一艘帆船，还包括洗衣做饭、财务管理、活动组织等，几乎所有事情都亲力亲为。

三、活在当下，自主自由

正规学校是教孩子们准备去符合社会的角色，但在谢琴宁，他们不做这样的"准备"，他们活在当下。

孩子入校后会选择一个学习小组，生物组、化学组或者物理组等，小组成员住在同一个宿舍，他们每天早上五点半开始工作，一直持续到晚上九点结束。小组成员一起读书、盖房屋、创作艺术绘画、做手工、练习合唱、练习武术、跳专业水准的民族舞蹈、自己烹调膳食、忙于行政工作，还撰写自己的教科书。傍晚时分，他们一定花一个小时来省思这一天，并反醒自身及彼此和世界的关系。每个小组有一名名义上的组长，这个职位是轮替的，他们的自律能力非常惊人，就像群居的蜜蜂。蜂巢里没有谁在"统管"，但是每只蜜蜂都知道该为公众利益做些什么。他们的每日作息还包含和自然接触的时间。每天早晨，无论春夏秋冬，他们都会跑到溪边去泡澡。即使是严寒的天气，地上有积雪，他们照样把冷水泼在身上，他们认为这些与自然接触的活动，会让他们变得强壮，还会激发他们的思维。

四、关注大事，视野开阔

每周一次政治专题活动，孩子们观看重要的新闻，分析讨论世界上发生的事情。一次电视访问中，校长被问到为什么让孩子涉入政治问题，他回答：孩子们虽然不必要当俄罗斯的总理或联邦部长，但在他们的想象空间里，他们应该能够自由地思考这些相关问题。这里的孩子必须参加教育部规定的高中结业考试，据说通常他们一年之内就能完成十一年的课程，然后参加结业考试，通过后，会有学生以远程教育学习的方式再拿一两个大学专业文凭。他们有智能手机，但是用来查学习资料的，没有人对电玩感兴趣。校长认识并关爱全校的每一名学生，经常和他们一起讨论问题、唱歌和跳舞。

谢琴宁校长的三大教育原则

一、学校不是为生命做准备，学校就是生命本身。

二、认识每一位孩子。

三、每个孩子都应该知道自己生命的意义，了解自己的根，看到未来的目标。

如何一年学会十一年的课程

没有教师的谢琴宁学校，孩子们一年学完十一年的课程，到底是如何做到的？

第一，把"学生主体"落实到极致，建校、制订教材、设计教学、自主生活等全部交给孩子，真正做到了"把一切还给孩子"。

第二，相信每个孩子都是天才。谢琴宁不挑学生，校长这样说：我们尽可能地去吸引有天分的孩子到这所学校来。但在此，我必须声明我的想法：我深信所有的孩子，倘若心智健全，都是天才，都有才华和创造力。这点，我早已经由我的生命经验，确认无疑。这就是为什么我们不去测试他们的IQ的原因。只要孩子的心是敞开的，他就是天才。所以，要唤醒他的天赋，你必须打开他的心，除去复杂的事物、紧张和恐惧。当这些都去除了，我们就会看见，在我们眼前的天才，已经走在正确的道路上了。

第三，让知识回到源头。谢琴宁学校认为：所有的教学知识来自历代专家和学者，而历代专家和学者的知识来自自然，教科书是人们在生产生活实践中总结出来的，那么学知识，最好的方式应该是回到源头，把所有的知识还原到还没有被所谓的专家学者细分和加工的那种整体的状态。在那种知识的主体与客体融为一体的空间概念中，知识通过眼睛就可以传递给对方。

民办学校之"必然"

> 教育的目的是让孩子成为一个快乐的人，教育的手段和方法也应该是快乐的。就像一根细小的芦苇，你从这一头输进去的如果是苦涩的汁水，在另一端流出来的也绝不会是甘甜的蜜汁。
>
> ——斯宾塞

近年来，一股反对"快乐教育"的论调再次甚嚣尘上，其中也包括某些知名专家，真是让人搞不明白，教育为什么一定不能是快乐的呢？难道苦的教育才是好的教育？他们竟然还怂恿家长，说如果真的对自己的孩子负责，就要让孩子从小多吃点苦，尤其是在学习上，唯有苦学才是学习。让孩子生活上多吃点苦这对他们的成长有利，但学习不是，你见过谁会对"挨揍"上瘾？我曾介绍过犹太教育的"第一课"，犹太人给每个孩子发一块用蜂蜜写着《圣经》的石板，让儿童边舔食边学习，以此暗示儿童"学习是甜的"。而我们的"第一课"常常以"恐吓"开始，在心惊胆战中种下"苦种"，苦的教育难免导致儿童厌学。据相关统计，中国孩子的厌学率逐年上升，这恐怕不能简单推罪于家长。

　　我曾采访过一个初中三年级的孩子，他是个"网游天才"。小学四年级时他开始厌学，主要是因为他不断遭受老师的奚落和批评。此后他天天盼着两件事，一是自己生病，二是老师生病，自己生病可以借故请假，老师最好一病不起。盼望着盼望着，慢慢就到了初三。我问他是怎样过来的，他说：熬，麻木了就不觉得难受了。

　　他说：他一进教室就头疼，一看书本就恶心，但并不是读所有的书都这样，他钟爱游戏书，然后学以致用，可三天三夜不吃不睡。打游戏家长打骂、老师讥讽，联手穷追围堵，即便这样，他仍然获得了某次全国比赛第四名，这让他信心倍增。他说：我最大的梦想是不受干预敞开了玩，玩个痛快。唯有玩游戏时他才是快乐的。

　　斯宾塞说，因循已久的教育要求学生像苦行僧一样去生活，他们严厉得像一尊凶狠的塑像，大声训斥学生的声音整条街都听得到，但教育效果却是最差的。原来，那些钟爱对儿童实施"苦刑"教育的人，是为了借助"迫害儿童"而追求最差的教育效果啊，怪不得呢！

　　斯宾塞曾做过一个实验：两群孩子在离教堂很远的地方玩耍，他对其中的一群说，教堂里正准备举行婚礼，谁冲进去谁就能获得糖果，结果孩子们高高兴兴地冲进去了；而他对另一群孩子讲，前面是教堂，你们必须冲进去，否则将会受到惩罚。结果他发现，后一群孩子中，有人掉队了，有的干脆跑了一半就停下来，停下的孩子多了，大家也就不怕惩罚了。他据此说，即使是一个天才，也会被不快乐的教育所扼杀！

　　为什么许多人不选择快乐的教育？我想，一方面是因为快乐教育需要基于对儿童心智的基本了解，它对教育者的耐心和智慧是一个考验；另一更深层次的原因是"专制"思想在作祟，它对教育者的善良和道德是一个考验。什么样的人会选择快乐教育，什么样的人会反对快乐教育，还不一目了然吗？

快乐教育要求必须基于对儿童的发现，真正怀着一种谦卑的态度向儿童学习，以此来洞察生命的真相，找到生命成长的密码。

有位家长看到孩子写在本子上的一些奇怪的算式，怒气冲冲地来找学校算账。这些算式是这样的：

1＋1＝1

1＋2＝1

2＋2＝1

3＋2＝1

3＋4＝1

4＋4＝1

5＋5＝1

5＋6＝1

5＋7＝1

……

老师笑而不答，后来还是孩子给了妈妈答案：一个白天加一个夜晚等于一天；一个月加两个月等于一季度；两周加两周等于一个月；三根指头加两根指头等于一只手；三天加四天等于一周；四个人加四个人等于一个组；五厘米加五厘米等于一分米；五个橘子加六个苹果等于一盘水果；五个月加七个月等于一年。

快乐的教育就是这样，它开启的是比知识学习本身更加重要的灵性，有谁会担心自己的孩子到了高考考场，会把"1＋1"写成"1"？稍微懂得教育常识的人都知道，"心智发育和身体发育同样重要"，就像任何生命离开水无法生存，教育离开儿童成长的心智规律，便徒剩其表，或者是一种阴谋的需要。

民办学校选择快乐教育，会让你的学校有"三有"：有趣、有责、有神。

有趣，体现出儿童天性和学校自然性的一面。

有责，体现出儿童的专注和学校社会性的一面。

有神，体现出儿童心智发展和学校人文性的一面。

快乐教育常常选取的手段是拒绝暴力、慎用权利的，斯宾塞这样说：你不可能在一张抖动的纸上画下什么美观的图案，你也不可能在一个颤抖的心灵里留下什么有用的知识，自然和生活是他们的课堂，但这并非就是反对者诟病的"不重视课堂教学"。不，快乐教育恰恰是把教室和课堂提升到一个空前高度加以重视和强调：教室是国家雏形，小组是社会雏形，课堂是知识的超市，生命的狂欢。你所想的不过是如何用知识的石块打败孩子的同学，用考试成绩单诱惑家长掏更多的钱供你高消费，胸膛里何曾装下过别的东西？高度和视野根本不一样，民办学校的初心和发心根本不一样。

但我还是力劝民办学校选择斯宾塞，至少我们的教师不会那么苦不堪言，孩子们不会那么痛不欲生，少一个问题孩子就是在积德行善。然后再谈何谓好教育。

你得走在前面，引领公办学校中那一群迷途的羔羊。

得有这样一颗心。

圣陶篇

寻找教育的桃花源

中国教师报记者王占伟二十几次"卧底"圣陶，终于采写推出《圣陶学校蝶变的七个谜》一文，从此蜗居大山脚下的圣陶为世人所识。

报道说——

震撼、神奇、颠覆！

没有亲眼看到，你不会相信这里发生的一切。

学校从小学一年级到高中三年级，没有固定教材；课前无预习，课上无笔记，课后无作业；同样的学习内容，小学五年级的能考过七年级的；初二学生参加中招考试能被当地优质高中录取；高一学生参加全市高中联考（B卷），包揽全市前十九名……

十四天学完初中化学，十五天学完物理，四十五天学完数学……

缔造这些教育传奇的，是一所地处偏僻山区的农村学校——河南省洛阳市汝阳县圣陶学校。

道者风范

八十岁的王天民校长被褚清源称为教坛"鬼谷子"，老人举手投足尽显慈祥，在学校里孩子们亲切地叫他"爷爷"。

老爷子眼不花，耳不聋，每天工作十五六个小时。他自称"一上讲台，神仙附体"，他说，"我说的话不是我说的，是中国古代圣贤借我的嘴巴在说话"。

老爷子家传《易经》，曾是语文特级教师，现在是全学科通才。

他能让弱智儿童化性，能让自闭症孩子成为超常儿童，很多人都见识过他的"神迹"。

王天民这样说

往台上一站，你就是"道"。

教育是"一种通天接地的气场"。

教育的最高境界是不教。

教育应该是育教，育在先，教在后，校长要先育自己再育教师。

每个学生都有天赋，都是天才。

三流教师教知识，二流教师教方法，一流教师教状态。

教师要做唐三藏，学生要做孙悟空。

越不会教越会教，越会教越不会教。

做无用功比不做更危险。

记在脑子里是财富，记在笔记上是负担。

答对了给 1 分，答错了给 2 分，答错了一定没抄袭，不会还敢举手就是勇敢。

......

不要教材，混编教学

圣陶学校打破了年龄、班级界限，把不同年级的学生放在一起进行教学。

圣陶学校不依赖甚至完全抛开了教材。"有的教材割裂了知识本身的体系，容易成为教师的绊脚石。"王天民说，"比如初中数学关于因式分解的内容，八年级上学期学习因式分解，九年级上学期学习用因式分解法解一元二次方程，为什么不放在一起学呢？圣陶学校之所以不用教材，就是为了不割裂地进行教学。"

教学需要循序渐进，但循序渐进就是按教材体系走吗？在王天民看来，真正的循序渐进不是按照教材体系安排，而是遵循学科知识自身的逻辑结构。基于这种认识，王天民带领教师团队，按照学科知识的内在逻辑，对小学到初中的主要学科进行了重新梳理，作为教学的主要凭借。

教育"小梁山"

许多家长丢下工作，千里迢迢，选择把孩子送到圣陶学校。

圣陶学校西南角有一处"圣陶书院"，如今这里被外来求学的人亲切地称为"留学园"。

那些"留学生"们吃住在此，"留学园"俨然已成为一个热闹的小社会，鸡鸣犬吠，炊烟袅袅，满院子都是随意扯起的绳子和线，上面晾晒着衣服和被褥。

这里也是青岛一处民办大学的师训基地，几十名未来的教师在这里分三年接受圣陶的教学实训。除此以外，圣陶假期学习训练营也设在这里，每年的暑期和寒假，许多家长会陪伴孩子来这里接受数理化学科的培训。

圣陶地处农村，办学条件有限，为什么这些人要放弃大城市的"优质教育"和优渥生活举家来此陪读，而且不亦乐乎，这是一种让人深思的"圣陶现象"。

蜂拥而至的孩子太多了，实在接纳不了，就只能搭建简易板房。

板房也一间难求，于是有家长在此做起了临时房屋出租的生意。

圣陶的"天才"

在圣陶，有个叫明明的孩子，他现在可是"大名鼎鼎"了。明明家在溪河，从小学四年级开始，每年都要被学校至少开除一次，公办学校转了一大圈，民办学校接着转了一大圈，实在没地方去了，他告诉爸爸，要不退学算了。父亲叹着气说，你这才十三岁，退学之后待在家里干什么？他很干脆地回答，玩游戏啊。父亲急了，一耳光扇过去，他就跑了。

大街小巷找了一两个月，终于在一个桥洞子里找到了蓬头垢面的明明。妈妈抱住脏兮兮的明明，眼泪把他的脸都冲花了。明明终于如愿以偿，成了专职的游戏玩家。爸爸恨铁不成钢，却也不敢管他，如果明明发现爸爸的眼神不对，他就会要挟说，要不我还是去流浪吧。

后来，明明的爸爸不知道从哪里听说了圣陶学校，好说歹说，连骗带哄地带着明明来了。王天民第一次见到明明时，明明的眼睛东张西望，老爷子问他：你就是明明？

明明说：咋了？

老爷子说：听说你敢挑战应试教育。

明明很疑惑：挑战？

是啊，你了不起！你比别人有勇气，一个敢对应试教育说"不"的孩子，未来也一定是个能改变中国教育的英雄豪杰。

一句话说得明明眼睛亮了。

这孩子竟然不走了，他就此成了圣陶的学生。

更厉害的是，这个孩子竟然在一年内连升三级，直接进了初中三年级。

百闻不如一"试"

一个小时，能让一年级学生学会什么？

2019 年 12 月 5 日，王天民校长应邀来建勋上了一堂数学示范课。建勋全体教师观摩了这次课。

这堂课的"学生"很特别，而且课前师生没有丝毫沟通：五十个孩子来自不同的班级、不同的年级，从小学一年级到初中三年级，年龄跨度很大。六岁的小杰是一年级（1）班的学生，他被抽中参加了这堂课的学习。

这节课的学习内容为：幂的运算、锐角三角函数。

课时一百分钟。

尽管许多老师去过圣陶，有的甚至还不止一次，可他们仍然为王天民老校长担心，这样的课怎么上？小学生能学会吗？

开始上课了。王老校长在众目睽睽之下，缓缓地在黑板上写下了三道幂的乘法例题，稍一停顿，接着给孩子出题。他写下第一道题之后，问：谁会？

原来他是通过"例题"让学生自己发现规律，依此规律来解决问题。

没想到，老爷子的话音刚落，一年级的小杰竟然第一个冲到了黑板前面。

可黑板太高，他个子太矮，尽管他踮起脚尖，还是够不着。

担任助教的一位女教师见状把小杰抱了起来。

小杰手里握着粉笔歪歪扭扭地在黑板上写出了答案。

全场掌声雷动。老爷子拉着小杰，开心地咧着大嘴问：还有人不会吗？台上和台下的人都回答"会了"。

果然是一题不讲，全班都会。必须声明，圣陶所谓的"不讲"，是指不讲题，并不是老师不说话。

老爷子突然一弯腰，双手把小杰抱起来，举到和自己一般高，然后看着小杰的眼睛，用力大声说：你就是建勋的学习英雄！

老爷子放下小杰，小杰欢快地跑回座位上。老爷子望着台下高声说：现在我们国家缺的不是人才，而是不敢说的人。课堂上不敢说，导致了教育不敢说，走向社会不敢说，教育就是培养勇气，敢说敢为。老爷子这段话是在说刚才大多数孩子在爬黑板时犹豫踌躇，暗示他们要像小杰一样勇敢。孩子们听懂了他的弦外之音。

接下来，老爷子再出题时，课堂气氛活跃起来了。

尤其是"学习英雄"小杰，他第二次冲上台，依然是助教老师抱着他写。

现场氛围更加活跃了，不等老爷子的粉笔落下，孩子们就已经冲了上去。

等小杰第三次冲上来时，挤不进去了，他在人缝里钻来钻去，很着急。

他挤开了一名同学，费了好大劲才拿到了粉笔。

手里拿着粉笔的小杰，依然挤不进去，就像手里拿着枪的战士，总是冲不上战场。

"学习英雄"急中生智，找站在"战场"外的老爷子"请战"，他仰着头，举着粉笔示意。

老爷子也"急中生智"，在舞台拐角处的另一面黑板上，临时给他和像他一样的"小英雄"出了几道题。犹如蜜蜂遇到了鲜花，小杰踌躇满志地开始写。

小杰第四次上台时，照葫芦画瓢竟然会写根号了，尽管他可能并不理解，但老爷子说了，"不要理解，要模仿"。

回到座位上的小杰，吸取了上次挤不进去的教训，他不坐了，坐下再起来影响速度，他站着，"时刻准备着"。

"学习英雄"又冲上来了。尽管他力所能及做了最充分的准备，但面对比他高大的竞争者，他仍落了下风，还是没抢到。他不停地寻找，可那些站在黑板前的大孩子简直是一堵密不透风的墙，他钻不进人墙，用手也扒拉不动，另一位小朋友和他有着同样的遭遇，两人显得有些失落。

他再一次总结了"教训"，第六次上台，他不抢了，直接走近一位女教师，借老师的双手，他一下长高了，终于如愿以偿，他很满足。

可是，接下来，小杰有些落寞。

课堂开始延伸到高中知识领域了。

中考、高考题，对他好像挑战太大了。

但这个被老爷子点燃的孩子，依然不畏困难，勇敢地向着台上冲，他心里只有一个信念，"冲"，他第七次冲上台，站在人群中看黑板，入定一样，他终究没有写出答案，但他仍然一脸的骄傲。

他又第八次冲上台……

下课了，时间过得真快，似乎陡然之间的事。小杰显然意犹未尽，可下课了，下课了……

他究竟学到了什么？这节课学会的，可能不只是几道数学题，他收获的或许是支撑他一生最有用的东西，相信这个"学习英雄"从此在成长路上有了一件"法宝"。

这是一堂好课

课后老爷子让我评评课，我信马由缰地如是说——

我们该如何界定这节课？按照我们现有的理论和经验，无法准确地概括，这是王老校长穷尽自己的一生"发明"出来的，它是超越了理论和经验的，因而会被那些习惯于刻舟求剑的人所质疑，甚至批评说这是"揠苗助长"的应试教育。但请批评者可否换个视角来看这样的课，我也同意"这不是课"的说法，但我不同意这不是好课甚至是揠苗助长的信口雌黄。

我们曾经多少次追问过，课堂究竟是谁的，谁才是学习的主体，而这堂课就回应了这一问题，也因此呈现出"生命的狂欢"。我们常说评课"看学生"，看学生的情感状态、参与度、合作度、展示度、生成度。据此，我说它是好课，好课都不一般，这节课不一般。

这的确不是一般的课，它甚至不是"课"，它是"原子弹"，它引爆了蕴藏在每一颗心灵深处的巨大能量，它引领每一个孩子发现了自己，找到了自我觉醒的学习之路，这让我联想起了一个心理学实验。

1968年的一天，美国心理学家罗森塔尔和L.雅各布森来到一所小学，说要进行七项实验。一至六年级他们每个年级各选了三个班，对这十八个班的学生进行了"未来发展趋势测验"。之后，罗森塔尔以赞许的口吻将一份"最有发展前途者"的名单交给了校长和相关老师，并叮嘱他们务必要保密，以免影响实验的准确性。其实，罗森塔尔撒了一个"权威性谎言"，因为名单上的学生是随便挑选出来的。八个月后，罗森塔尔和助手们对那十八个班级的学生进行复试，结果奇迹出现了：凡是上了名单的学生，个个成绩有了较大的进步，且性格活泼开朗，自信心强，求知欲旺盛，更乐于和别人打交道。

短短一个小时，能解决什么问题？

看看那个"学习英雄"的表现，看看他激动的神情，眼睛里的光芒，然后再去问问他喜不喜欢这样的课，为什么喜欢这样的课，以后愿不愿意上这样的课，听听孩子如何说、做何想，或许我们就有了最为坚定的结论了。

这堂课，对于收获了"学习英雄"这一无上光荣称号的小杰是成功的，蕴含的意义无疑也是深远的、可持续的。这个八次冲上讲台的一年级小朋友，因为有了这次不寻常的经历，从此人生有了不同，从此更加自信，从此开始确信自己可以成为一个无所不能的"超人"和战无不胜的"英雄"。

怎么概括这样的课？

如果一定要说这是课，那这样的课是数学课、心理课、德育课、生活课，它真正落实了三维目标，把知识学习和情感、态度与价值观教育紧密结合。这样的课该如何概括？它也超出了我的理论和经验，它似教学而非教学，因此只能据此特点，说它是教育教学合一的综合人生课。勉强嵌入"人生"二字，是想说这样的课带给孩子们的那些"看不见"的东西。这些东西是什么，"学习英雄"给了我们答案。我这也属于信口开河，还望老师们多多研究，请王老校长多多指教。

课后，王老做了什么

下课后，王天民校长专门叫上小杰一起合影，并再度夸他是"学习英雄"。

这孩子离开时，都不记得和老爷子道别了，他走路的样子像要飞起来了。

午饭时，老爷子特邀另一位表现积极的八年级的杨烁同学共进午餐。两个人边吃边谈，老爷子说，我邀请你，不是因为你做对了题，而是因为你勇敢自信，乐于帮助同学。

他还告诉杨烁：学习不需要理解，要求学生理解就会造成心理压力；先学会，以后时间会帮你理解。他随后讲曾有人问他，这样是否符合教育规律。他反问说：你使用手机吗？请你给我讲讲手机的原理和信息传送规律。他接着说，这和开蒙时背古文一个道理。在圣陶学校，他的教学目标是尽可能让孩子们在十三岁前学完初、高中的数理化。他说人一旦过了十三岁，就开始分心了，而语文压根不用学，按照他的每天"五个一"，坚持下去就行了。

后记：春在指头

东坡诗云，梅花开尽百花开，过尽行人君不来。

他在等什么？

我的一位好友读后潸然泪下。他哭什么？

都是情种。

佛家就不这样。

布袋和尚诗云：手把青秧插满田，低头便见水中天；六根清净方为道，退步原来是向前。

此是何等境界，读罢先是有醍醐灌顶的清凉感，接着内心又生发曾经沧海的酸楚。为何？你猜。

人生难道不是披荆斩棘勇往直前的吗？

退一步，低下头，竟然会有这样海阔天空的自由。可惜，我们从小所受的教育，不是这样。甚憾！

想起苏轼另一首诗：若言琴上有琴声，放在匣中何不鸣？若言声在指头上，何不于君指上听？

言外之意好烧脑。

和苏轼隔着二百多年的白居易，某一天突然若有所思，淡然写下这样的诗句：言下忘言一时了，梦中说梦两重虚。

许多事真是不必当真，更急不得的，得耐着性子，透过岁月的隙缝用心地瞧，说不定就稳住了。千古人间事，松下一盘棋。时间总喜欢愚弄人，得夕惕若厉，无咎。

于是，正见之于教育和生活就弥足珍贵。

何谓"正见"？

宗萨在《正见》一书里说：一切有信仰的人，都是"极端分子"，你确立了价值观，就确立了忠诚。他接着兜头给我们浇了一瓢冷水，"即使是在相对世界里醒着，我们仍在无明中沉睡"，但他同时又告诉我们，把"毒药"变成"花瓣"的方法只有一种，那就是觉察。

觉察就不"苏东坡"了，也不会轻易就可"白居易"，此身如屋，白居不易。

偷得浮生半日闲，登高何必上龙山。果然好意境！

说说教育。

把美好的爱情变成唯有"繁殖价值"的就叫应试教育。

教育是什么，生活才是答案。生活，就是生鲜地活在校园，这就是人学的主张。

"人学"的原点是相信儿童，唤醒他们学做"自己的父母"，热爱自己，教导自己，并且能不断修正自己的目标，创造自己所期望的样子。

还等什么？

"尽日寻春不见春，芒鞋踏遍陇头云。归来笑拈梅花嗅，春在枝头已十分。"踏破铁鞋，果真是悟了，自不假外求。

春在枝头，为什么不是春在指头？手指敲一下，桃花全息，杏花全息，满园春色关不住，花朵的心思，风最懂得。

这本书，是我用指头一字一句敲出来的。

字里埋着我的"春天"。

就在这里。

教育发现